高职教师教学能力的研究

宋 丹 著

北京工业大学出版社

图书在版编目（CIP）数据

高职教师教学能力的研究 / 宋丹著． — 北京：北京工业大学出版社，2022.12
　　ISBN 978-7-5639-8566-1

　　Ⅰ．①高… Ⅱ．①宋… Ⅲ．①高等职业教育－教师－教学能力－研究 Ⅳ．① G715

中国版本图书馆 CIP 数据核字（2022）第 251415 号

高职教师教学能力的研究
GAOZHI JIAOSHI JIAOXUE NENGLI DE YANJIU

| 著　　者：宋　丹
| 责任编辑：张　贤
| 封面设计：知更壹点
| 出版发行：北京工业大学出版社
| （北京市朝阳区平乐园 100 号　邮编：100124）
| 010-67391722（传真）　　bgdcbs@sina.com
| 经销单位：全国各地新华书店
| 承印单位：北京银宝丰印刷设计有限公司
| 开　　本：710 毫米 ×1000 毫米　1/16
| 印　　张：12.25
| 字　　数：245 千字
| 版　　次：2022 年 12 月第 1 版
| 印　　次：2022 年 12 月第 1 次印刷
| 标准书号：ISBN 978-7-5639-8566-1
| 定　　价：68.00 元

版权所有　　翻印必究

（如发现印装质量问题，请寄本社发行部调换 010-67391106）

作者简介

宋丹，女，中共党员，硕士研究生，毕业于烟台大学教育教学专业，现为湖南汽车工程职业学院教研室主任、讲师，主要从事高校教育管理的教学工作。近年来先后公开发表学术论文十余篇，主编或参编教材三本。

前　言

高职教育是高等教育的重要组成部分，也是职业教育体系的重要内容。高职教育以服务发展为宗旨，以促进就业为导向，以培养生产、建设、管理、服务第一线需要的高素质技术技能型应用人才为根本任务，为我国社会经济发展做出了重要贡献。

发展高职教育，培养高素质的技术技能型应用人才，关键在于教师教学能力。教师是学校的核心资源和核心竞争力，在提高人才培养质量、实现高职教育培养目标上已成为最主要的力量，其教育教学能力已成为最关键的要素。在此背景下，笔者写作本书的主要目的在于为高职教师教学能力发展提供理论参考。

全书共九章。第一章为高职教育的时代特征，主要阐述了高职教育人才培养模式的基本特征、高职教育课程体系的基本特征、高职教育教学活动的基本特征、高职教育教学条件的基本特征等内容；第二章为高职教学方法概述，主要阐述了高职教学方法的基本内涵、高职教学方法的基本理念、高职教学方法的主要特点、高职教学方法的理论基础、常见的高职教学方法等内容；第三章为高职教师素质概述，主要阐述了高职教师素质标准、高职教师的角色要求等内容；第四章为高职教师教学能力概述，主要阐述了教学能力的含义、教学能力的性质认识、教学能力与素质、高职教师教学能力的本质内涵、高职教师教学能力的本质特征、高职教师教学能力的发展特征等内容；第五章为高职教师职业能力概述，主要阐述了教师职业能力、高职教师职业能力的内容、高职教师职业能力的关键要素等内容；第六章为高职教师教学管理，主要阐述了教学管理的基本任务与原则、教学管理组织、教学计划管理、教学运行管理、教学质量管理、教学管理制度等内容；第七章为高职教师教学能力的考核与评价，主要阐述了高职教师教学能力考核与评价中存在的问题、高职教师教学能力考核与评价的意义、高职教师教学能力考核与评价的原则与要求、高职教师教学能力考核与评价的指标等内容；第八章为我国高职教师教学能力状况及问题归因，主要阐述了我国高职教师教学能力状况、我国高职教师教学能力状况的学校归因、我国高职教师教学能力状况的社会归因、我国高职教师教学能力状况的制度归因等内容；第九章为高职教师教学能力发展，主要阐述了国内外高职教师教学能力发展制度、高职教师教学能力发展制度体系、高职教师教学能力发展的环境条件、高职教师教学能力发展的政策建议等内容。

由于笔者水平有限，书中难免有不足之处，恳请读者批评指正。

目 录

第一章 高职教育的时代特征 ·· 1
第一节 高职教育人才培养模式的基本特征 ·························· 1
第二节 高职教育课程体系的基本特征 ······························ 3
第三节 高职教育教学活动的基本特征 ······························ 5
第四节 高职教育教学条件的基本特征 ······························ 6

第二章 高职教学方法概述 ·· 8
第一节 高职教学方法的基本内涵 ·································· 8
第二节 高职教学方法的基本理念 ·································· 14
第三节 高职教学方法的主要特点 ·································· 19
第四节 高职教学方法的理论基础 ·································· 22
第五节 常见的高职教学方法 ······································ 26

第三章 高职教师素质概述 ·· 40
第一节 高职教师素质标准 ·· 40
第二节 高职教师的角色要求 ······································ 44

第四章 高职教师教学能力概述 ······································ 47
第一节 教学能力的含义 ·· 47
第二节 教学能力的性质 ·· 47
第三节 教学能力与素质 ·· 50
第四节 高职教师教学能力的本质内涵 ······························ 52
第五节 高职教师教学能力的本质特征 ······························ 54
第六节 高职教师教学能力的发展特征 ······························ 59

第五章 高职教师职业能力概述 ······································ 63
第一节 教师职业能力 ·· 63

第二节　高职教师职业能力的内容 …………………………… 70
　　第三节　高职教师职业能力的关键要素 ………………………… 71

第六章　高职院校教师教学管理 ……………………………………… 79
　　第一节　教学管理的基本任务与原则 …………………………… 79
　　第二节　教学管理组织 …………………………………………… 82
　　第三节　教学计划管理 …………………………………………… 86
　　第四节　教学运行管理 …………………………………………… 90
　　第五节　教学质量管理 …………………………………………… 94
　　第六节　教学管理制度 …………………………………………… 119

第七章　高职教师教学能力的考核与评价 …………………………… 123
　　第一节　高职教师教学能力考核与评价中存在的问题 ………… 123
　　第二节　高职教师教学能力考核与评价的意义 ………………… 127
　　第三节　高职教师教学能力考核与评价的原则与要求 ………… 128
　　第四节　高职教师教学能力考核与评价的指标 ………………… 137

第八章　我国高职教师教学能力状况及问题归因 …………………… 139
　　第一节　我国高职教师教学能力状况 …………………………… 139
　　第二节　我国高职教师教学能力状况的学校归因 ……………… 146
　　第三节　我国高职教师教学能力状况的社会归因 ……………… 154
　　第四节　我国高职教师教学能力状况的制度归因 ……………… 156

第九章　高职教师教学能力发展 ……………………………………… 160
　　第一节　国内外高职教师教学能力发展制度 …………………… 160
　　第二节　高职教师教学能力发展制度体系 ……………………… 165
　　第三节　高职教师教学能力发展的环境条件 …………………… 175
　　第四节　高职教师教学能力发展的政策建议 …………………… 180

参考文献 ………………………………………………………………… 185

第一章 高职教育的时代特征

第一节 高职教育人才培养模式的基本特征

高职教育培养的是面向生产和服务第一线的高素质技术技能型专门人才。技术技能型人才需要一定的专业基础理论与基本知识,更需要适应职业岗位群的组织管理及生产操作能力。

为了培养技术技能型人才,一些高职院校构建了理论教学、实践教学和素质教育三大体系,提出了"以素质为基础,以能力为中心"以及"知识复合,能力本位"的人才培养模式,提出了基于工作过程的课程开发与课程体系,其教育教学具有明显的职业特色。

一、高职教育与其他类型教育的区别

(一)高职教育与普通高等教育的区别

高职教育是高等教育的重要组成部分。高职教育既以培养学生具有较深的理论知识和较宽的知识面而区别于中等职业教育,又以培养学生具有较强的实践动手能力而区别于普通高等教育。高职教育在人才培养目标、人才培养要求、专业设置、教学内容、师资要求和构成、办学形式、社会联系等方面与普通高等教育有所不同,如表1-1所示。

表1-1 高职教育和普通高等教育的特征比较

特征	高职教育	普通高等教育
人才培养目标	技术技能型人才	学术型、工程型人才

续表

特征	高职教育	普通高等教育
人才培养要求	理论知识传授以必需、够用为度，强调实践能力的训练	偏重理论传授，强调知识的系统性
专业设置	按职业岗位和岗位群设置	按学科设置
教学内容	以培养技术应用性能力和基本素质为主线，以适应职业岗位群的职业能力要求设置理论教学和实践教学	重视基础理论，以专业学科所需理论为依据
师资要求和构成	"双师型"师资队伍，教师具有较好理论基础和较强实践动手能力，含专、兼职教师队伍	重视学术水平和科研能力，教师具有扎实的基础理论
办学形式	灵活、多样、紧贴市场	正规、稳定
社会联系	与社会联系	相对独立性较强

（二）高职教育与中职教育的区别

高职教育与中职教育的区别也是显而易见的，主要表现在两个方面：一是中职教育的职业技能和职业能力要求偏于单一、难度较低，而高职教育的职业技能和职业能力要求趋于复杂、综合，难度等级有较大提高。二是高职教育更为重视专业知识和理论知识的学习，对学生的理论知识要求比中职要高。

二、高职教育人才培养模式的六条基本特征

1999年11月，在第一次全国高职高专教学工作会议上，高教司司长钟秉林总结了高职高专教育人才培养模式的六条基本特征：一是以培养适应生产、建设、管理、服务第一线需要的高等技术应用性人才为根本任务；二是以社会需求为目标、以技术应用能力的培养为主线来设计教学体系和培养方案；三是以"应用"为主旨和特征构建课程和教学内容体系，基础理论教学以应用为目的，以"必需、够用"为度，专业课加强针对性和实用性；四是实践教学的主要目的是培养学生的技术应用能力，实践教学在教学计划中占有较大比例；五是"双师型"师资队伍的建设是高职高专教育成功的关键；六是产学结合、校企合作是培养技术应用型人才的基本途径。

2000年，《教育部关于加强高职高专教育人才培养工作的意见》中以行政规章的形式确认了上述六条基本特征。自此，以人才培养模式六条基本特征为指导，以专业教学改革为龙头，各高职院校对高职教育内容与课程体系进行了大量的实践探索，高职教育人才培养模式的基本特征已基本取得了共识。

第二节　高职教育课程体系的基本特征

高职教育课程内容和课程结构是人才培养的主体部分，其中，课程内容是培养目标的具体化，课程结构对人才培养模式有着重要的支撑作用。

一、课程内容的基本特征

高职教育课程内容的开发、把握和学时安排，必须着眼于区域产业结构和产品结构的调整，注重知识的横向拓展与结合，体现知识的先进性和应用性，体现高职教育的技术性特色。

在课程内容开发上，应体现以能力为中心的教育教学目标取向，以"能力本位"取代"知识本位"。高职教育教学内容要以21世纪技术应用为基本特征，以职业岗位的实际需要为出发点，以培养技术应用性能力和基本素质为主线，根据职业岗位或岗位群的主要特点以及未来职业发展的总体趋势，来设置相应的课程内容，使高职教育的课程内容直接依附于所对应的职业岗位，与职业岗位紧密对接。

在课程内容的把握上，应打破传统学科型专业建设中的课程内容组织体系，公共基础课和专业理论课以"必需、够用"为原则，专业课和技能实践课以"必要、实用"为原则。同时，课程内容应体现"理论教学以应用为目的""专业教学加强针对性和实用性"的指导思想。但近年来公共基础课和专业理论课"必需、够用"的原则已存在争议，人们更多倾向于"专业理论知识适度"和"知识面较宽"的可发展性要求。这是因为随着科学技术的迅速发展，职业技术岗位的内容变动较为频繁，高职毕业生不应只适合在一个比较狭窄的职业领域中工作，他们应该有较强的就业弹性，应该具有可持续学习和发展的基础，因而不能忽视对基础理论与专业理论的学习。

在课程内容学时分配上，分析国外一些同类教育的课程内容，其实践教学环节的学时数与理论教学环节的学时数相差并不大，大约为1∶1。如法国短期技术学院的实践教学学时数占总学时数的50%，美国米德尔塞克斯社区学院电气技术专业的实践教学学时数占总学时数的 46.7%，新加坡技术学院机械制造专业的实践教学学时数超过总学时数的 50%。只是德国康斯坦茨高等专业学院的学时数比例颇有差别，根据其 1990 年机械制造工艺专业的教学计划中的学时数，基础理论课占 15%，专业技术课占 25%，而专业理论课要占 35%。在我国，根据教育部有关规定，高职院校工科专业的理论教学和实践教学学时数之比大致在 1∶1，并重视加大实践和课程设计教学，突出专业技能实习训练，以增强学生的动手能力，因而我国高职院校实践环节学时数占总学时数的比重更大，大都在 50%～67%。

二、课程结构的基本特征

"职业性"教学理念已经成为公认的、能够反映高职教育核心价值的重要理念，这一理念集中体现了高职教育的本质特征。高职教育应以社会需求为目标、以技术应用能力的培养为主线来设计教学体系和培养方案，以"应用"为主旨和特征构建课程和教学内容体系，以体现高职教育"职业性"的基本特点。

为了适应职业（群）的需求，高职教育确定课程与教学内容体系的方法一般采用"职业分析—教学设计"连贯法。即根据具体职业活动进行职业分析，然后根据教育规律和学生认知规律，以应用性与实践性为特征，进行教学设计，从而使课程与教学内容体系具有高职教育教学的系统性特征。这种系统性与普通高等教育的教学系统性不同，因为高职教育的课程体系结构是以培养职业能力为主旨来构建的，而普通高等教育是按照学科知识的"衍生"来设置课程的。

在设计高职教育课程的过程中，有一对矛盾是必须认真考虑的，那就是针对性与适应性的矛盾。作为导向就业的教育，它必须针对一定的职业范围；作为学校教育，它又必定不同于职业培训。对两者都不能片面要求，只能依不同条件选择不同的折中。因此，在高职教育的课程体系中，根据技术技能型人才的知识能力特点，协调基础理论、专业理论和专业技术知识三类课程的逻辑关系和比例，是优化技术技能型人才培养过程的一个关键性环节。专业技术知识直接反映当前职业岗位的工作需求，体现了教学的针对性；专业理论常常是相近专业的共同基础，能适应专业拓展的需要；基础理论是自然与社会的普遍规律，它是专业理论的基础，覆盖面更广。这后两类知识理论支持着技术技能型人才的持续发展和适应能力。

第三节　高职教育教学活动的基本特征

一、教学目标的针对性

一方面，现代意义上的职业教育是针对社会某一类职业岗位（群）而实施的专业教育，面向企业相关岗位培养人才。因此，职业教育人才培养目标的核心在于职业针对性和职业适应性，这是职业教育赖以生存和发展的基础。另一方面，高职教育主要是面向区域经济社会建设的主战场，为区域社会经济发展和行业企业服务。随着生产力的发展和科学技术的进步，随着产业结构的不断调整、转型、升级，职业分工及职业岗位技能要求在不断变化。因此，高职教师要能够因地制宜，根据区域产业结构的调整变化，根据区域经济社会发展对专门人才的要求确定教学目标，从而进行课程设计、制订教学计划及教学大纲、选择教学内容及教学方法，以充分满足职业岗位对专门人才的需要。

当然，从高职教育的发展趋势来看，高职教育的目标不能单纯地针对职业岗位，而应扩展到学生的整个职业生涯，由狭义的培养职业技能扩展到提高学生的综合素质，使学生更好地适应社会发展的需要。

二、教学过程的复杂性

高职教学目标的职业针对性和教学内容的实践性，决定了高职教学过程的复杂程度较高。从教学形式上看，高职教育除了有理论教学以外，还有大量的培养学生综合职业能力所需要的实训、实习、设计等实践教学。实践教学应紧紧围绕培养学生的岗位职业技能来进行，要有计划地安排学生进行上岗实践训练，将学习和上岗紧密地联系起来，以使学生毕业后就能够直接参与特定岗位的实际工作。从教学实施过程来看，随着对学生的主动学习、探究式学习的愈加重视，教师成为学习的指导者、促进者、组织者和管理者，为学生学习提供资料、咨询等方面的支持，学生不再是被动接受者，而是主动探求者，这样的教学使教与学成为双向式教学过程。这些既是提高高职教学质量所必需的条件，也是高职教学过程复杂性的体现。

三、教学场所的开放性

高职教育的办学目标及其与区域经济社会建设紧密结合的特点，决定了高职教育必须坚持开放办学，坚持校企合作、工学结合的人才培养模式，走产学研结合的发展道路。这意味着，对于从事高职教学工作的教师来说，其工作的时空范围不只局限于学校和课堂，还需要经常奔走于企业、车间和田野，这也是高职教学与普通高等院校教学相区别的一个显著特点。

四、教学手段的多样性

高职教育培养目标的多样性决定了其培养手段的多样性。从教学技术来看，计算机和多媒体技术的广泛应用，能迅速、高效地为高职教育教学提供各种所需信息。此外，信息化教学手段、网络课程学习等广泛应用到高职教学中，极大地提高了教学效率和教学质量。从教师人员来看，既有学校的专职教师，又有校外企业兼职教师和实习单位的指导人员。

五、教学模式的职业性

工学结合是一种将学习与工作相结合的教育模式，以学生为主体，以职业为导向，能够充分利用校内外不同的教育环境和资源，把课堂教学和直接获取实际经验的工作有机结合起来。校企合作、工学结合是高职教育的基本属性，也是培养高技术人才最重要的手段与途径。校企合作成功与否关系到高职教育能否办出特色，从某种意义来说，也是高职教育成败兴衰的决定性因素，其中校企合作、工学结合的直接参与者和执行者高职教师起着至关重要的作用。

第四节　高职教育教学条件的基本特征

为了保证技术技能型人才这一特定培养目标的实现，必须有相应的培养条件作为保障。高职教育的办学条件，除各类教育都必备的物质条件与非物质条件以及社会参与这一特殊条件外，在师资队伍和教学设备这两方面也有着明显特点。

一、师资队伍

由于高职教育主要是培养技术技能型人才，所以其教师除应具备各类型教育教师的共性素质外，还应具备技术型人才的特殊素质，即使是基础课教师，也需要对技术技能型人才的培养目标及其与本课程的关系有明确的认识。所以，与普通高等学校相比，高职教师的知识能力储备要丰富，应有较高的专业技术应用实践能力，相关知识面要广，同时还应具有较强的社会活动能力，善于同社会的有关单位及人员交际和合作。此外，由于高职教育的职业特点，需较多地聘用兼职教师。

二、教学设备

高职教育的教学设备特点集中表现在实习和实训设备方面，总的来说，教学设备要有鲜明的现场性、技术应用性、综合性和可供反复训练的特点与功能。

（一）现场性

学生的实习场所要尽可能与社会上实际的生产或服务场所一致，由于校内往往不容易完全具备这样的条件，所以必须充分重视校外实习基地的建设。

（二）技术应用性

为了适应技术技能型人才主要从事技术应用和运作工作的要求，高职教育的实习、实验设备应有利于培养学生的技术应用能力和分析、解决实际问题的能力，其重点不是理论验证。

（三）综合性

技术技能型人才所从事的工作环境往往是多因素综合的，因此需要学生在错综复杂的场合锻炼出多方位的思考能力，学会处理各种复杂问题。单一的实习条件难以培养出合格的技术技能型人才。

（四）可供反复训练

许多能力的掌握都不是一次完成的，需要反复练习。正因为如此，仿真模拟设备对于培养技术技能型人才具有特别明显的作用，尤其像电力生产与输送、化工工艺流程等难以现场观察而又必须反复进行现场工作的训练，特别是有关故障排除的训练，对于合格的人才输出非常重要。如果有了仿真模拟设备，虽然不能完全代替现场练习，却能比较接近于现场情景，有利于教学目标的实现。

第二章 高职教学方法概述

第一节 高职教学方法的基本内涵

一、教学方法

（一）教学方法的概念

一般而言，教学方法被理解为实现教学目标的方法和手段。关于教学方法的概念，在国内学者中，比较有代表性的观点有：在教学活动中，教学方法是引导、调节教学过程的最重要的手段；教学方法是指在教学过程中，教师和学生为实现教学目的、完成教学任务而采取的教与学相互作用的活动方式的总称；教学方法是教师和学生为完成教学任务而采用的办法，它包括教师教的方法和学生学的方法，是教师引导学生掌握知识技能、获得身心发展而共同活动的方法；教学方法是为达到教学目的、实现教学内容、运用教学手段而进行的，由教学原则指导的一整套方式组成的、师生相互作用的活动；教学方法是建立在逻辑自洽的规则系统基础之上的教师传授学习内容以及学生实现学习目标的学习组织措施。关于教学方法的这些定义表明，教学方法涉及一系列的教与学的行动模式、组织形式和实施方式。

有国外学者认为，任何教学方法都是教师的一整套有目的的动作，教师通过这些动作组织学生进行认识活动和实践活动，使学生掌握教学内容，从而达到教学目的。还有国外学者认为，教学须采用多样的方式展开，如教师提问、学生回答，或学生先在小组里互相讨论然后向全班报告等。在教学情景中，教师和学生的这种为了教与学而展开的活动方式谓之教学方式（教学方法）。

通过以上定义,我们可以知道以下几点。首先,尽管国内外学者对教学方法的定义有所差异,但其基本思维方式是一致的,即认为教学方法受一定的教学思想的制约,受一定的教学目的的指导,并有助于目的的实现;其次,教学方法能够体现教学活动内部各要素之间的内在关系,特别是教师、学生、内容之间的关系;最后,为了实现人们所制定的教学目标,总是要借助一定行为操作,行为活动的方式即教学的方法。

(二)教学方法的分类

按照不同的分类方式可以将教学方法分为不同的类型,比较常见的有以下几种分类方式。

1. 根据教学方法实施主体分类

按照实施主体的不同,教学方法分为教师的"教"法和学生的"学"法。属于"教"法的有讲授、演示等,属于"学"法的有听、记、练习、观察等。可以看出,这种分类方法看到了"教"法与"学"法的区别,但未能看到二者之间的联系。

有学者在"以学生为主体"的教育教学理念指导下,从"学"的方法的分类导出与之相应的"教"的方法,如模仿的学习方法→示范教学方法,抽象概括的学习方法→概括教学方法,解决问题的学习方法→求解教学方法,逻辑推理的学习方法→推理教学方法,总结提高的学习方法→反馈教学方法。这种分类法将"学"法与"教"法有机联系起来,避免了两者的分割。

还有学者根据教和学在不同的教学活动中的地位与作用,将教学方法分为:①以教师为中心的学习方法,如讲授、提问、论证等。此时师生的语言交流是单向的,表现为从教师到学生。②师生相互作用的学习方法,如班级讨论、小组讨论或学习等。这种方法利用了学生之间以及学生和教师之间的信息交流,对于认知领域较高水平的学习(分析、综合、评价)和所有情感领域的学习特别有效。③个体化的学习方法,如程序教学、单元教学和计算机教学。这类方法适应学生学习的不同速度,有规则地、及时地提供反馈信息以促进学生的学习进程。

2. 根据教学方法所属的不同层次分类

通过对我国教学理论中各种各样的教学方法进行分析、比较和概括可以发现,教学方法具有三个层次。

（1）原理性教学方法

原理性教学方法的最大特点是为具体教学方法提供理论指导，本身不具有操作性。

（2）技术性教学方法

技术性教学方法有讲授法、讲述法、讲解法、讲演法、谈话法等，每一种方法都适用于多种科目的教学。

（3）操作性教学方法

操作性教学方法是具体到学科的特殊教学方法，如技术课的工序教学法、外语课的听说教学法等，它只适用于特定科目教学，具有与各科目的教学内容相结合的基本固定的程序和方式，教师一旦掌握便可立即操作应用。

3. 根据掌握知识的基本阶段和任务分类

在苏联传统教学论中，教学方法主要包括三类：保证学生积极地感知和理解新教材的教学方法；巩固和提高知识、技能和技巧的教学方法；学生知识、技能和技巧的检查方法。

4. 根据教学方法的形态分类

根据教学方法形态分类在我国教学论中较为常用，它以学生认识活动的不同形态作为分类标准，主要包括：以语言传递为主的教学方法（如讲授法、谈话法、讨论法、读书指导法等）；直观演示的教学方法（如演示法、参观法等）；实际训练的教学方法（如练习法、实习法、实验法等）；情境陶冶的教学方法（如人格感化、环境陶冶等）。

5. 根据学习的不同结果分类

根据学习的不同结果，可以将教学方法分为以下类型：使学生获得明确观念的教学方法；提出新的或不同材料的教学方法；告诉学生怎样做的教学方法；影响或改变学生态度、思想、鉴赏力的教学方法；使学生产生安定感的教学方法；激发学生动机的教学方法；评价或测定的教学方法；激起、引导或缓和学生感情的教学方法。

6. 根据学生认识活动的特点（思维活动的再现性和创造性）分类

这是苏联对教学方法所做的一种分类，它将教学方法分为以下类型：图例讲解法（也称信息接收法），复现法，问题叙述法，局部探求法，研究法。

7. 根据活动的过程分类

教学活动的过程主要涉及引起、调整、控制三个因素，教学方法可相应地分为三大类：教学认识活动的组织和进行的方法（知觉、逻辑认识、实习）；刺激和形成学习动机的方法（兴趣、责任）；检查方法（口头的、直接的、实际操作的）。

二、高职教育教学方法

（一）高职教育教学模式

高职教育作为我国教育体系中的一种类型，其地位与作用逐渐凸显。与之相应的高职教育教学方法也逐渐受到关注。高职教育教学方法与高职教育的理念密切相关，简单来说，有什么样的教育模式就有什么样的教学方法。借鉴国外职业教育的发展经验可知，高职教育模式（教学方法）主要有以下三种。

1. CBE 模式

CBE（Competency Based Education）模式是以职业综合能力为基础（本位）的教育模式，流行于欧洲和澳洲。它的基本特点是：以达到某一种职业的从业能力为教学目标。CBE 模式打破了传统学科体系，以能力作为教学的基础；强调企业的需求和学生的主体作用主张教学上灵活多样、最大限度地满足学生的需要；强调学生的自我学习和自我评价，充分发挥学生的主动性。实践证明，在 CBE 模式下，大多数学生能达到较高的成绩。

2. MES 模式

MES（Module of Employable Skill）模式是一种就业技能模块式培训方法，这是发展中国家的培训方法。它的突出特点是：培训目标明确，除一个总体目标外，每个模块和学习单元都有一个具体的学习目标。模块式培训方案便于灵活组合，同一培训方案可以由多个培训模块组成，同时可以根据培训的需要灵活组织学习单元。

3. 合作培养模式

"合作培养"既是一种办学模式，也是一种教学模式。它是学校和企业共同合作完成对职业人才培养的模式。"合作"有利于校企之间的资源共享，有利于学生参加生产和实习，在实践过程中学习知识、培养技能。此模式被实践证明是一种运转灵活、优势互补的职教模式，德国的"双元制"、新加坡的"教学工厂"等都属于这种模式。

（二）高职教育教学方法的依据

目前，高职教育教学方法的流派还未独立发展起来，它依附于高职教育模式的发展。一方面，高职教育教学方法的专项研究还处于初级阶段，有待进一步深入研究；另一方面，高职教育方法的研究不可能脱离高职教育及其模式的发展来研究，两者是相互影响、相互依存的。这为高职教育教学方法的研究提供了基本思路。

高职教育教学方法是指具有高职教育特色的教学方法。因此，高职教育教学方法既要符合教学方法的一般规律，又要有别于其他教育类型的教学方法（如普通高等教育的教学方法、基础教育的教学方法）。为此，应当明确高职教育教学方法的研究依据。

1. 高职教育的培养目标

"为生产、服务、管理一线培养高素质技能型人才"是高职教育的培养目标。高职教育的任何方面都应当紧紧围绕这个目标而不可偏离，高职教育教学方法同样如此。高职教育的教学方法取决于培养目标的定向性、课程内容的实用性和教学过程的实践性，其研究重点应当落在操作性教学法的改革与实践上，其实施策略应该引起研究者足够的重视。与传统的以学科知识传授为主线设计的普通高校教学方法不同，高职教育教学更强调"应知、应会、应做"，更注重"专业技能教学"。高职教育教学方法要符合高职教育的培养目标，突破长期以来高职教育教学对普通高等教育教学方法的简单模仿，拓展、开创能培养高职学生职业能力和岗位技能的教学方法。

2. 高职教育的课程特性

高职教育的课程体系具有"柔性"特质。"以就业为导向"的高职教育必须具备对市场的动态响应机制，及时反映出市场的动态需求，调整人才培养方案，以实现人才培养目标。而课程是市场需求与培养方案的转换器，是连接市场与院校的桥梁。因此，市场的动态性内在地设定了课程体系的"柔性"。职业教育课程主要体现了扩展柔性、产品柔性、工艺柔性和运行柔性。

（1）扩展柔性、产品柔性与课程体系

扩展柔性是指当生产需要的时候，可以很容易地扩展系统结构，增加模块，构成一个更大系统的能力。产品柔性一是指产品更新或完全转向后，系统能够非常经济和迅速地生产出新产品的能力；二是指产品更新后，对老产品有用特性的继承能力和兼容能力。

课程体系是指课程的结构与组织方式。高职院校的培养目标是适应于企业发展需要的实用型、技能型人才,它的主要教学内容集中在针对企业岗位所需要的能力对学生进行培养上,因此高职院校的课程设置区别于普通高校课程设置中的模式化倾向,而鲜明地体现出灵活性和实用性特点,设置各具特色的课程,也是职业院校办学中的一个特色。因此,高职教育的课程体系具有动态性、灵活性的特征,一方面可以根据市场需求的变化及时更新课程,另一方面可以根据市场需求重组课程体系。这是扩展柔性和产品柔性在高职教育课程体系中的具体体现。

(2)工艺柔性、运行柔性与课程实施

工艺柔性包含两个方面:一是工艺流程不变时自身适应产品或原材料变化的能力;二是制造系统内为适应产品或原材料变化而改变相应工艺的难易程度。**运行柔性**是指利用不同的机器、材料、工艺流程来生产一系列产品的能力,以及生产同样的产品,换用不同工序加工的能力。

工艺柔性与运行柔性在课程中主要体现在课程实施环节。课程实施也就是按照课程目标将课程内容付诸实践的过程,从狭义上来理解就是教学。

就高职教育而言,课程实施必须具有灵活性、动态性和工作性,以保证学生职业能力的培养。具体在实际操作中,应根据专业的不同选择适合的教学模式。例如,理论实践一体化的教学模式,是在特定的实训环境中,通过师生双方边教、边学、边做来完成某一教学目标和教学任务的教学模式。这种实训环境接近企业技术发展水平,能够营造浓郁的职业氛围,有利于提高学生实际动手操作能力、培养良好的职业素养。又如,产教贸结合的教学模式,是将教学、生产和市场营销融为一体的教学模式。在教学过程中,教师既是教学的组织者、实施者,又是生产和经营者。该模式将教学融入市场中,实现以产促教、以教促产,能够有效地锻炼学生的职业技能。此外,项目教学模式、任务驱动教学模式等,都能灵活地适应市场需求的变化,具有较好的动态响应能力。

综上可知,高职教育的课程体系及课程实施都与普通高等教育有较大的区别,由此决定了高职教育教学方法必须符合高职教育的课程特性,确保课程目标的有效实现。

第二节 高职教学方法的基本理念

一、以学生为中心

高职教育的人才培养目标及高职教育的课程特性内在地设定了高职教育是一种以学生能力发展和技能获取为本位的教育。因此，高职教学方法必然遵循"以学生为中心"的基本理念。这可以从以下三个层面来解析。

（一）哲学层面

"以学生为中心"的高职教育教学方法基本理念是建立在"以人为本"的哲学理念基础之上的。"以人为本"是人本主义哲学的核心思想。

英国《简明不列颠百科全书》中把"人本主义"界定为一种思想、态度，提出"人和人的价值具有重要意义。凡是重视人与上帝的关系、人的自由意志和人对自然界的优越性的态度，都是人文主义"。美国《哲学百科全书》提出"人本主义"是指"任何承认人的价值或尊严，以人作为万物的尺度，或以某种方式把人性及其范围、利益作为课题的哲学"。虽然各种说法不尽相同，但基本意思均指以人为万物的尺度，强调人的价值、尊严与自由，是一种以人为中心和准则的哲学。

按照人本主义哲学，"以人为本"的理念在高职教育教学层面具体化为"以学生为本"，即教学方法应体现"以学生为中心"的思想。在人本主义哲学视野下，高职教育教学表现出以下特点：教学的目的是促进人的"自我实现"，发展人的潜能，提倡情知教学，在教学中注重学生的自我评价；在教学内容上，强调学生的直接经验，强调外在的科学知识与内在经验和情感的统一；在教学方法上，主张以学生为中心，放手让学生自我选择、自我发现，强调课堂教学与实际生活的统一。教师的主要任务是引导和促进学生自我主动学习，让学生学会如何去思考、去感受、去体验，并从中发现人生的真谛与价值。在高职教育教学中，学生的学习应体现出更多的主动性、实践性，学生的职业能力、岗位技能以及综合素质的发展是高职教育教学方法的依据。因此，不遵循"以学生为中心"理念的教学方法无法实现培养高素质技能型人才的培养目标。

（二）心理学层面

在心理学层面，人本主义学习理论为高职教育教学方法"以学生为中心"的理念提供了心理学依据。

人本主义学习理论认为：学习是为了丰满人性的形成，其根本目的是"自我实现"；学习者是学习的主体，应当受到尊重；人际关系是有效学习的重要条件。人本主义学习观有这样几个特点：一是自主性，即学习是个人主动发起的，而不是被动地等待刺激。学习者内在的思维和情感活动极为重要。二是全面性，即个人对学习的整体投入不仅涉及认知方面还涉及情感、行为、个性等方面。三是渗透性，即学习不单是对个体认知领域产生影响，而且对其行为、态度、情感等方面发生作用。

可见，在人本主义学习理论框架下，高职教育的培养目标只有通过"以学生为中心"的教学方法才能实现。因此，有学者认为，"以学生为中心"教学方法的有效实施是贯彻"以能力为本位"培训的必要保证，其设计一定要遵循平等参与的原则，让学生平等地参与能力培养、鉴定评价过程，从而建立一种公平、公正、公开的平等参与环境。另外，高职教育要考虑职场健康与安全的要素，充分体现对生命的珍视。总之，高职院校应通过"以学生为中心"教学方法的运用，培养教师和学生"以人为本"的思维方式和行为模式，让一切教学活动的组织安排围绕学生需求及其能力塑造而开展。

（三）教学论层面

"以学生为中心"的教学观是人本主义哲学理论在教学论领域的具体化。"以学生为中心"的教学观主要体现在以下几点：

第一，在教学过程上，"以学生为中心"的教学观认为，教学过程既是教师教的过程又是学生学的过程，其中更重要的是学生的学习过程，应关注学生学到了什么。

第二，在教师和学生在教学过程中的角色上，"以学生为中心"的教学观认为，学生在教学过程中处于中心地位，是教学的主体。学生应该积极主动地参与到学习过程中来，对自己的学习负责。教师对学生的学习起指导、引导的作用。

第三，在学习内容上，"以学生为中心"的教学观强调，学习要与将来所从事的工作相关联，即面向应用，培养胜任岗位工作的能力。学生不仅要学习知识（理论），而且必须获得实践技能，同时发展自己的通用能力。

第四，在教学方法上，"以学生为中心"的教学观反对死记硬背的教学方法，提倡教师设计丰富多彩的教学活动，实现学生积极主动参与，体现学生是教学的主体。学习的场所不仅仅在学校，可以有计划地安排学生到工作现场学习、实践，或到社会调查研究。

第五，在学习结果的考核评估上，"以学生为中心"的教学观认为，评估目的是考核学习解决实际的能力，可采取"任务法"用具有实用背景的任务全面评估学生学到了什么专业能力，同时评估其通用能力的发展水平。

可以看出，在教学论层面，"以学生为中心"的教学理念体现在教学过程、教学内容、教学方法以及教学评价等方面，特别是在教学方法的设计和选择上，是否坚持"以学生为中心"直接反映了高职院校教育教学的理念是否体现了"以人为本"的哲学思想，直接关系到高职院校人才培养目标能否真正实现。

二、以能力为本位

传统教育中，教育往往以让学生储存知识为目标。由于这种知识是人类对历史经验的积累和总结，所以在教学中往往片面地重视现代化的、抽象的概念和推理，因而传统教育培养出来的大多是知识型人才。高职教育是培养高素质技能型人才的教育，知识本位的教学理念显然不符合高职教育的实际，无法很好地实现高职教育的人才培养目标。由此，高职院校应根据高职教育兼具高等性、教育性、职业性"三重"特性的特点，结合高职教育的人才培养目标，突破传统知识本位教育对高职教育的影响，树立"以能力为本位"的高职教育基本理念。而高职教育教学方法也正是以这一具有高职特性的理念作为其选择依据的。下面本书具体分析高职教育中"以能力为本位"理念的基本内涵。

（一）能力

能力是人的综合素质在现实行动中表现出来的正确驾驭某种行动的实际本领、能量和熟练水平，是实现人的价值的一种有效方式，也是左右社会发展和人类命运的一种积极力量，它包括体力、智力、道德力、审美能力、实践操作能力等一般能力，以及从事某种专业活动的特殊专业才能和为社会贡献的创造能力。

在高职教育中，能力主要是指学生的职业能力，这也是高职教育的主要目标。一般来说，职业能力包括专业能力、方法能力和社会能力。专业能力是指从事专业工作所需要的技能与相应的知识，是学生毕业后胜任专业工作、赖以生存的核心本领。方法能力是指具备从事职业工作中所需要的工作方法和学习方法（包括制订工作计划、协调计划、对自己的工作成果进行评价、在工作中努力学习新知识、开展技术创新）的能力。社会能力是指在工作和学习中的积极性、独立性和与他人交往的能力，以及组织表达和社会参与的能力。

（二）能力本位

能力本位的基本理念是针对传统教育过分强调知识本位而提出的。高职教育经历了曲折的发展过程，它作为一种教育类型而独立存在是近年来才得到较为广泛认可的。因此，在高职教育的发展历程中，长期以来，高职教育仅仅被作为一种教育层次而非作为一种教育类型来发展，导致高职教育发展沿袭、模仿甚至照搬普通高等教育的发展模式，在专业设置、课程建设、师资队伍建设以及教育管理等各个方面都打上了普通高校的烙印，"知识本位"的教育理念在高职教育的发展中占据着主导地位。然而，随着职业教育在社会发展中的地位和作用的日益凸显，高职教育作为教育体系类型的层次定位日益清晰，知识本位的教育理念显然不符合高职教育培养高素质技能型人才的需求，因此，与高职教育培养学生职业能力密切相关的能力本位教育理念逐渐显现出其优越性，并发展为高职教育的主导教育理念。

能力本位是指在教学中，学生的一切学习活动都以提高能力为目标。教学应注重提高学生学习的能力，使学生把所学的知识通过脑、心、手的联合作用，在轻松愉快和潜移默化的过程中不断地内化为能力，增长才干。能力本位要求充分正确地发挥人的能力，这里的"正确发挥"涉及能力发挥的性质、方向、方式和目标。"正确发挥"要求以道德为前提，否则，能力越大越坏事。因此，我们强调能力本位，也强调人的努力、道德品质和绩效。

我们知道，有什么样的理念就有什么样的教学方法。在知识本位教育理念下，教学方法强调知识的传递和知识的论证；在能力本位教育理念下，教学方法则强调能力的获取和能力的发展。因此，高职教师对教学目标的追求，不是把现成的知识、技能传递给学生，而是指导学生去寻找得到这个结果的途径，最终通过自身的努力得到这个结果，在此过程中培养学生的各种能力。这里所指的能力已不仅是知识能力或者是专业能力的狭隘含义，还有获取新知的方法能力，同时还涵盖了与人合作、交流、表达的能力以及发现职业机会、设计实现人生计划的社会能力。这三个维度的能力通过相互联系、相互作用，共同构建起全方位的行动能力。

三、以发展为目标

"以发展为目标"是指学生在原有基础上可持续地发展,而不只局限于学校的当前发展,是"以学生发展为本"的内涵的核心。结合古今中外教育家的相关理论,在高职教育教学中,坚持"以发展为目标"主要包含以下几方面内容。

(一)教学应当以学生的发展为目的

德国著名教育家第斯多惠在教育史上首次明确提出"发展性的教学"这一概念,所谓"发展",就是在教学中让学生的自然本性得以符合自然规律的发展,即注重在教学过程中发展学生的心智。他把心智理解为思维、意志与性格的全面心理发展的内容,他提出,发展性的教学不仅要发展学生的能力,而且要培养他们具有坚定的信念、崇高的道德情感、坚强的性格,形成他们的整体个性。他强调,"任何真正的教学不仅是提供知识,而且是予学生以教育""如果学生的头脑充满了或多或少的知识而没有学会去运用,那是可悲的现象""一切学校教学的发展性的(锻炼性的)目的永远也不应忽视"。

(二)教学应当走在发展的前面

苏联著名心理学家维果茨基就教学与发展问题提出了"最近发展区"理论。该理论引进了区分发展的两种水平:第一种水平是现在发展水平,由已经完成的发展程序的结果而形成;第二种水平称为最近发展区,指那些尚处于形成状态、在成熟过程中进行、有望实现的水平。教学与其说是依靠已经成熟了的机能,不如说是依靠那些正在成熟中的机能,才能推动学生能力的发展——教学创造最近发展区,然后引导学生能力进入该范围之中。因此,他指出"只有当教学走在发展前面的时候,这方是好的教学"。也就是说,教育学生不应当以学生发展的昨天而是学生发展的明天作为方向。

(三)教学的任务就是促进学生的发展

苏联著名的教学论专家赞科夫在长达20多年实验研究的基础上,创建了"发展性教学理论体系"。赞科夫认为,教学应该走在发展前面,教师的任务就在于努力探求新的教学途径或教学方式来促进学生的"一般发展"。他指出,教学法一旦触及学生的情绪和意志领域,触及学生的精神需要,这种教学法就能发挥高度有效的作用。

"全面发展"是素质教育的一种教育目标和要求。它身上带有浓浓的教育管理色彩，从一定意义上讲，它通过教育行政方式指定一个教育目标，是人们对受教育者发展前景的一种期望。全面发展教育是为促使人的身心得到全面发展而实施的教育。人的全面发展学说是马克思主义教育思想中的一个重要原理，它是指导全面发展教育的世界观和方法论，是教育改革的指导思想，是制定社会主义教育方针和教育目的的理论依据。

爱因斯坦早在《论教育》中就指出："一个由没有个人独创性和个人志愿的规格统一的个人所组成的社会，将是一个没有发展可能的不幸的社会。"只有每位社会成员的个性得到充分发展，其创造潜能才能更有效开发，才能促进社会的全面进步。高职教育教学同样如此。高职教育教学的着眼点不应只在于学生当前的发展，而应着眼于学生的可持续发展。

第三节　高职教学方法的主要特点

一、教学方法选择的多样性

高职教学方法必须符合高职教育的理念，以学生为中心，以能力为本位，以发展为目标。在工学结合、校企合作的高职教育模式下，高职教学方法较之普通高校更表现出多样性。

首先，较之普通高校而言，高职教师队伍具有多样性特色。在高职院校，教师队伍的构成具有复杂性，既有理论课教师，又有实践课教师；既有专职教师，又有兼职教师；既有高校教师，又有来自企业的技师。可以说，"双师型"教师是高职院校教师队伍构成的主体。不同的教师队伍具有不同的教学任务和教学风格，因此，教师队伍的多样化自然决定了教学方法选择的多样化。

其次，较之普通高校而言，高职课程类型具有多样性特色。高职院校的课程倡导的是"理实一体，做学合一"，因此，课程内容有别于单一的理论课程或实践课程，在此背景下，选择单一的教学方法无法保证课程目标的顺利实现，必须通过多样化教学方法的选择，才能确保各个教学目标的达成。

可见，高职教学方法选择具有多样性。具体而言，在选择高职教学方法时可以从以下几个方面来考虑。

（一）根据教学过程的任务选择

围绕教学过程的任务所实施的教学方法，一般有这样一些类型：传授知识的方法，形成技能、技巧的方法，巩固知识、技巧的方法，教学生应用知识的方法，检查学生知识、技能和技巧的方法。

（二）根据学习刺激方式的差异选择

根据现代教育观念，学生是教学主体，教师的主要作用在于想方设法刺激、调动学生的学习积极性和学习兴趣。教师通常运用的教学方法有：呈现方法，即把学习内容直接呈现给学生，如讲授、演示等；实践方法，即用分析问题、解决问题提供学习刺激，引导学生通过操作活动进行学习；发现方法，即通过情境引导学生发现结论，如苏格拉底采用的"产婆术"教学法、孔子采用的讨论法等；强化方法，即对学习结果的特定行为进行强化，如行为矫正、程序教学等。

（三）根据教学方法外部形态和在这种形态下学生认知活动特点选择

教学方法在一定教学理念支配下，运用某种教学手段而展开教学行为，物化为一定外部形态。基于教学方法外部形态和在这种形态下学生认知活动特点下可选择的教学方法有：以语言传递信息为主的方法；以直接感知为主的方法；以实际训练为主的方法；以欣赏为主的方法；以引导探究为主的方法。

（四）根据师生共同活动的性质选择

有学者根据教学过程中不同教学活动的性质，运用系统论对我国教育现行常用的众多教学方法进行了归类，大体分为以下类别：其一，师生认识活动方法系统，如讲授法、谈话法、演示法等；其二，师生实践活动方法系统，如练习法、实验法、参观法等；其三，师生评鉴活动方法系统，如鼓励法、陶冶法、欣赏法等；其四，师生交往活动方法系统，如交往指导法、小组讨论法、班级交流法等。

（五）根据教学内容选择

根据教学内容选择教学方法是我国现代教育常见的选择方式。在高职教育中，教学内容分为实践教学、理论教学两大部分，教学方法也随之不同：其一，理论教学方法，如讲授法、演示法、程序教学法、引导提示法、实验教学法、讨论法等；其二，实践教学法，如练习法、案例法、模拟法、四步教学法等。

二、教学方法设计的综合性

高职课程的实施具有复杂性，特别是在工学结合的背景下，高职课程进行了基于工作过程的课程体系改革，由此，高职课程的内容与结构都发生了较大的改变，因而在教学方法的设计上要体现综合性，以满足课程实施的需要。

一方面，高职教育教学要根据课程目标，对各种教学方法进行优化整合。教学方法设计的目的是要最大限度地实现课程目标。在高职教育中，课程目标又具有复杂性，既有知识目标、能力目标又有态度目标，同时还包括各种职业技能认证的目标。因此，对于不同的目标，需要以不同的教学方法来支撑，并且确保各种教学方法能够有效配合。可见，在普通高校课堂常见的单一的讲授法已不能满足培养职业技能人才的需要，高职教育需要将各种方法综合起来，协调配合，形成合力，确保课程目标的实现。

另一方面，高职教育教学要根据学生实际，对各种教学方法进行合理改造。教学方法的设计不仅要考虑课程目标，而且要考虑学生实际。高职教育的理念是以学生为本，高职教育最重要的目标是要让高职学生受益，最大限度地促进高职学生的发展，因此，学生是高职教学方法设计的重要依据。而学生具有个体差异性，且在高职教育中，特别是在学生技能培养方面，小组教学是较为常见的教学组织形式，有利于实施差异化教学。这就要求在高职教学方法设计时，要根据不同学生类型的特点，综合设计各种教学方法，以适合不同学生的需要。

三、教学方法运用的灵活性

捷克教育家夸美纽斯在《大教学论》中写道："假如能用正当的方法，学习对于心理总是具有吸引力的。"我国现代教育家叶圣陶在《语文教育书简》中指出："尝谓教师教各种学科，其最终目的在达到不复需教，而学生能自为研索，自求解决。故教师之为教，不在全盘授予，而在相机诱导。必令学生运其才智，勤其练习，领悟之源广开，纯熟之功弥深，乃为善教者也。"这里"相机诱导"的含义就是要灵活地把握时机、运用方法。就高职教育而言，教学方法的设计与实施之间仍然存在差距，因此，在高职教学方法的运用过程当中需要体现灵活性。这主要基于以下原因。

一是学生具有主观能动性。对于同样的教学内容来说，设计的教学方法与实施的教学方法之间具有一定差距。就设计而言，教学方法是相对稳定的，而学生是具有主观能动性的个体，在教学过程中，随时可能突破教师原有的计划，表现出适应或不适应教师原有设计的教学方法的情况,这就需要高职教师在教学方法的运用过程中,灵活操控各种教学方法,以适应客观实际。

二是学生具有个体差异性。学生是具有个体差异的,不同的学生对同样的教学方法具有不同的适应性。因此,在教学方法的运用过程中,不能拘泥于原有设计,而是要根据学生的个体差异,因材施教,这才能最大限度地促进学生的发展。

在高职教育中,以工作过程为导向的课程教学有别于"填鸭式""满堂灌"的教学,学生的主观能动性能更好地发挥。但由此也带来教学的诸多不确定性,如何应对这些不确定性,就需要教师在教学方法的运用过程中灵活处理。

第四节 高职教学方法的理论基础

一、教育学基础

教育属性是高职教育的属性之一,因而高职教育教学方法的研究与实践必然要以教育学为基础。就高职教育而言,与其教学方法构建直接相关的理论基础主要包括建构主义教学观和主体性教育理论。

(一)建构主义教学观

建构主义认为,世界是客观存在的,但是对于世界的理解和赋予的意义是每个人自己决定的。学习并不是把知识从外界搬到记忆中,而是通过学习者已有的认知结构(包括原有知识、经验和认知策略)对新信息进行主动加工而建构成新的知识。由于学习者的经验以及对经验的信念不同,于是学习者对外界世界的理解也是各不相同的,因此,建构主义学习更加强调学习的主动性、社会性、情景性、协作性。所以,建构主义关心的是创设一个什么样的情境,以及如何以学习者原有的经验、心理结构和信念为基础来构建知识。

建构主义的教学模式设计通常包括两大部分:一部分是学习环境的设计,另一部分是自主学习策略的设计。学习环境的设计实际上是要求设计出能提供一种有利于学生自主建构知识的良好环境,如创设与学习主题相关的情境、提供必要的信息资源以及组织合作学习等。另外,由于建构主义理论的核心是学习者的"自主建构",这就要求学习者应具有高度的学习主动性、积极性。这就涉及自主学习策略的设计,如支架式、抛锚式、探究式、启发式、自我反馈等策略,这些自主学习策略可以有效地激发学生的主动性和积极性，诱导学生自主学习、自主建构。

建构主义提供了一种不同于传统方式的学习理论。建构主义学习理论认为，学习过程不是学习者被动地接受知识的过程，而是积极地建构知识的过程。在建构主义学习过程中，学生的知识不是通过教师传授得到的，而是在一定的情境下，借助他人的帮助，利用必要的学习资料，通过意义建构方式而获得的。建构主义认为，学习是学习者主动构建心理表征的过程，它不仅包括结构性的知识，而且包括大量的非结构性的经验背景。由于建构主义学习过程是以学习者为中心的，而且是真实的，因而学习者就更具有兴趣和动机，且建构主义学习能够鼓励学习者进行批判型思维，更易于提供个体化的学习风格。

根据建构主义教学理论，在教学过程中，学生的使命是充分利用学习资料，自主性学习，同时加强与其他学生之间的协作与对话，建构自己完整的学习知识体系。教师则被定义为学生自主学习的一个最有益、最有利、最有力的"教学工具"，他们引导学生自己学习，规范学生的学习行为，特别是在学生放任自流时，起到限制和控制作用。此外，建构主义学习理论还特别强调创设情境，学习环境设计中情境必须有利于学生对所学内容的意义建构，即要为学生提供真实的现实世界知识，而学生知识的获取与同化常与特定的情境相关。

（二）主体性教育理论

所谓主体性教育，是根据社会发展的需要和教育现代化的要求，教育者通过启发、引导受教育者内在的教育需求，创设和谐、宽松、民主的教育环境，有目的、有计划地组织、规范各种教育活动，从而把受教育者培养成为自主地、能动地、创造性地进行认识和实践活动的社会主体。换言之，主体性教育是一种培育和发展受教育者的主体性的社会实践活动。主体性教育主要具有以下特征。

1. 科学性

主体性教育认为，学生既是教育的对象又是教育活动的主体，他们身上蕴藏着丰富的学习、发展的潜能。教育的作用就在于根据学生学习的客观规律，引导学生通过积极思考和独立活动，把人类的认识成果转化为学生的知识财富、智力和才能，使学生具有合理的知识结构、智力结构和方法结构。

2. 民主性

主体性教育的民主性主要表现在两个方面：一是把教育变成一种民主的生活

方式，尊重学生的主体地位，让学生得以生动活泼、自由地发展。也就是说，要革除一切不平等对待学生的现象，为提高学生的民主意识和参与能力、发挥学生的主体作用创造良好的教育环境。二是要实现教育内容民主意识的渗透和学生民主思想、民主精神、民主参与能力的培养，以民主化的教育造就一代主体性的新人。

3. 活动性

学生主体性的发展是以活动为中介的，学生只有投身于各种活动之中，其主体性才能得到良好的发展。也就是说，活动是影响学生主体性发展的决定因素。从某种意义上讲，主体性教育就是通过精心设计各种教育活动，使影响学生主体性形成和发展的各种因素达到优化，使各种不同的活动形式和决定着它们的诸多条件相互促进、紧密结合，从而对学生的身心发展发挥主导作用。

4. 开放性

主体性教育的开放性表现在学校教育系统与整个社会生活的紧密结合上，它要求把学生从课堂引向广阔的社会，通过课外、校外活动和社会实践活动丰富他们的知识，开阔他们的视野和思维，从而加速学生主体性的成熟过程，缩短对社会生活的适应期。

可见，主体性教育理论充分体现了"以学生为中心"的教育理念。对于强调实践性与应用性的高职教育而言，主体性教育理论为创建具有高职特色的、体现高职学生主体性地位的、有利于高职人才培养目标实现的教学目标奠定了充分的理论基础。

二、心理学基础

教学方法的构建离不开心理学知识，对于高职教学方法而言，高职学生的认知规律与学习特性成为高职教学方法研究与实践的重要基础与依据。在此，本书着重论述认知心理学与多元智能理论两个与高职教学方法密切相关的理论基础。

（一）认知心理学

就认知过程而言，现代认知心理学把人的认知过程定义为人脑的信息加工过程，它是一组相关的心理活动，包括感知、记忆、注意、思维、学习和言语等一系列认知心理活动。信息加工的结果就是获得按一定方式储存的信息，按习惯说法就是获得知识，而获得这些知识的途径，通常包括听觉、视觉、视听、自己参与或实践等。心理学家的实验研究表明，它们各自的学习效率分别为：听觉

20%、视觉 30%、视听 50%、自己参与或实践 90%。由此可见，"手脑并用"的实践可获得最佳的学习效果。高职教育是应用型和技术型教育，在课程结构上，实践操作的课程比例普遍在 50% 以上。从认知心理学的角度来说，高职教育的这一特性符合人的认知规律，有利于高职学生高效率地学习。因此，强调手脑并用，注重实践操作性的教学方法，符合认知心理的规律和高职教育的特性。

就知识的定义而言，现代认知心理学将知识定义为：个体通过与其环境相互作用后获得的信息及其组织。个体的知识又可分为陈述性知识（个人能用语言直接陈述的知识）和程序性知识（关于进行某项操作活动的知识）两类。根据认知心理学对知识的分类，高职教育的职业属性决定了高职教育更注重程序性知识的教学。因此，相应的教学方法也应符合程序性知识教学的特殊要求，要有别于陈述性知识的教学。这类教学方法注重学生的积极参与，通常围绕某一课题、问题或项目开展教学活动，从而使学生达到会学习、独立操作、独立解决问题的目的。同时，它十分强调对学生的学习动机的激发和学习兴趣的培养。它注重学生的学习内在动机（如爱好、志趣、好奇、求知欲等）、学习利益动机（如前途、奖酬、发展条件等）、学习社会动机（如集体的荣誉、团队的期望、角色的价值等），通过情境的创设，使学生对新知识或技能进行实践应用，从而提高他们的知识积累和技能水平。

（二）多元智能理论

1983 年，美国哈佛大学的教授霍华德·加德纳出版了一本名为《智力的结构》的著作。在书中，作者首次提出人类有着完整的智能"光谱"。这一论断突破了传统智力理论的假设：人类的认知是一元的，可采用单一的、量化的智力检测手段来测量人的智能。经过多年的研究，加德纳逐渐完善了自己的理论，明确提出人类存在多种不同的思维方式。他将人类的智能类型分成 8 种，分别是语言智能、逻辑数学智能、空间智能、身体运动智能、音乐智能、人际关系智能、自我认识智能、自然认知智能。加德纳相信，相对过去在智力发展中狭隘地强调语言和数理逻辑智能，他提出的 8 种智能更准确地描绘了人类智力的面貌。

多元智能理论的提出，全方位地揭示了人类智能的奥秘，打破了传统的智能观，成为突破传统单纯知识型教育的重要理论基础。长期以来，高职教育被定位于高等教育的专科层次，没有获得自身的独立地位，其发展模式也沿袭普通高等教育的模式；对高职学生的培养，也没有真正跨越知识型人才培养路径的阻碍。在多元智能理论的支持下，高职教育逐渐被人们确立为一种独立的教育类型。由此，高职教育培养高素质技能型人才的培养目标的实现有了心理学依据，并催生了具有高职特性的教学方法的诞生。

第五节　常见的高职教学方法

一、行动导向教学法

简单来说，行动导向教学法就是"在做中学"，其理论基础主要是建构主义学习理论。1997 年，德国颁布的"框架教学计划"提出：职业学校要实施"行动导向"的教学方法，使学生能在未来的职业生涯中独立地制订工作计划并独立地实施和评价该计划。

（一）行动导向教学法的概念

行动导向教学法的核心在于"行动导向"。玛雅认为，所谓行动导向，是指"由师生共同确定的行动产品来引导教学组织过程，学生通过主动和全面的学习，达到脑力劳动和体力劳动的统一"。可以说，行动导向教学法重点强调的是对人的关键能力的培养。所谓关键能力，是指从事任何职业都需要的、适应不断变换和飞速发展的科学技术所需要的一种综合职业能力。周国忠认为，行动导向以培养人的综合职业能力为目标，以职业实践活动为导向，强调理论与实践的统一，为学生提供体验完整工作过程的学习机会。

从角色来看，"行动导向"强调学生是学习过程的中心，教师的作用发生了变化，从知识的传授者转变成为咨询者、指导者和主持人，从教学过程的主要讲授者转变为学生的学习伙伴。从教学理念和教学内容来看，"行动导向"强调培养学生形成解决特定工作岗位实际问题的技术应用能力，以特定工作岗位的职业活动为依据，综合各科的知识和技能，根据教学目标分类要求，形成以培养职业能力为目标的教学内容。从教学方法来看，"行动导向"立足于引导学生、启发学生、调动学生的学习积极性，使学生在学习过程中由被动学习变为主动学习，在教学手段上强调多种教学媒体的综合运用，让学生在形象、仿真的环境中，主动去思维和探索。从评价和检查学生分析与解决问题的能力来看，"行动导向"教学法主要包括头脑风暴法、卡片展示法、案例教学法、角色扮演法、项目法、引导课文法、模拟教学法等方法。从教学组织形式来看，"行动导向"强调让学生在真实或接近真实的工作情境中进行职业活动的实践。从课程模式来看,"行动导向"教学一般采用跨学科的综合课程模式,不强调知识的学科系统性,重视案例、解决实际问题以及学生自我管理式学习,教师的任务则是为学生提供咨询、帮助并与其一道对学习过程和结果进行评估。

(二)行动导向教学法的特征

传统的教学方法是单向的灌输式,教师和教材是权威,学生被动接受。行动导向的教学方法变学生的被动学习为主动学习。在行动导向教学思想下,教师按照工作过程来确定学习领域,创设学习情景,组织教学。学生在学习时不再是以听讲和记笔记为主,而是在一定知识准备的基础上,接受教师设定的问题,寻求解决问题的方法,以此为目标进行主动学习。在这种方式下,教师只起咨询和辅助作用,学生变成了主动参与者,这可以激发学生的学习积极性,有利于达成良好教学效果。

(三)行动导向教学法的层次

行动导向教学法多以小组形式进行,强调合作与交流。一个教学单元中一般不只采用一种教学方法,而是综合运用多种方法,使学生具有尝试新活动方式的实践空间。

根据教学方法的复杂程度,行动导向教学法分为三个层次:一是实验导向性教学,主要过程为制订实验计划、进行实验、评价结果,目的主要是解决实际技术问题。二是问题导向性教学,主要过程为理解问题实质、确定结构、解决问题、在实际中应用结果,目的主要是培养技术思维能力。三是项目导向性教学,按照完整的工作过程(获取信息、制订计划、决策、实施计划、质量控制、评估反馈)进行,全面培养各方面的能力,促进创新精神的发展。

二、综合能力开发教学法

随着知识经济时代的到来,职业教育的培养目标不仅是培养具有专业知识和专业技能的精专人才,而且要培养具有宽广的专业知识和多种能力的复合型人才。国际 21 世纪教育委员会提出了适应未来知识经济发展需求的"教育四个支柱",即学会学习、学会做事、学会共事、学会生存。教育应使每个受教育者学会运用注意力、记忆力和思维能力,掌握学习的方法,不断学习新知识、新技术,以适应不断变化的知识、不断变化的世界和社会;获得一种专业资格,而且获得能够应付许多变化情况的工作能力；学会发现他人、关心他人，能够为实现共同目标团结协作、互相帮助、共同努力；具备个性和创造性，具有自主性、判断力和责任感，能够在人生许多情况下做出正确决策。在复合需求的背景下，综合能力开发教学法应运而生。

（一）综合能力开发教学法的理念

综合能力开发是指以课程设计和毕业设计最终完成实际的产品为手段培养学生的学习能力、创造能力、探究分析问题与运用专业知识和熟练专业技能解决问题的能力，以及具有合作共事团结协作精神的教学模式。在教学活动中，综合能力开发提倡以学生为主体，以教师为主导，充分激发学生的学习动机，提高学生的自我发展能力，使学生得到全面发展。可见，综合能力开发是以学生为主体、以能力为本位、以专业为基础、以实践为重点、以技能为主线的教学模式，其主要实施过程可分为选题、搜集资料、拟订和选择方案、生产制作、评价五个环节。

在综合能力开发法的实施过程中，教师的角色较之传统教学方法有着巨大的改变。教师从项目选择到指导学生最终完成任务的全部教学过程，要始终贯穿培养学生综合能力的思想；在指导学生分析问题、解决问题时，教师要积极引导学生，首先将问题情境搞清楚，然后从问题的已知条件出发，通过已经掌握的知识和技能水平探索多种多样的解决问题的方式。在问题解决的过程中，对于学生所表现出来的奇特想法，教师不应轻率地予以否认，而应及时给予表扬和鼓励，促使他们开拓进取、敢想、敢做、富于创新，以达到最佳的效果。

（二）综合能力开发教学法的实施原则

综合能力开发法是有别于单项能力开发的一种教学方法，在综合能力开发法的设计与实施过程中，应当遵循以下几个原则。

1. 整体性原则

整体性原则是在现代科学哲学方法论的基础上提出来的。整体性原则是指教师在教学过程中，指导学生从整体出发，用系统的观点对已有的知识材料进行整理，了解各种知识之间的相互联系、作用，实现认识的深化和提高，最终达到教学目标。

2. 发展性原则

发展性原则主要强调通过对项目的研究过程，提高学生综合运用知识和技能解决问题的能力，发展学生探索知识和整理知识的能力，并在此基础上发展学生的创造思维能力。发展性原则要求教学除实现规定的学习目标外，还应发展学生已有知识和能力，使个体能力和素质不断提高。发展性原则重视培养学生的创造性思维的能力。创造性思维有两个主要的思维特征，即发散性思维和直觉思维。在教学过程中重视对学生发散性思维和直觉思维的培养，有利于学生创造性思维的养成。

3. 主体性原则

主体性原则是指教师不断激发学生主动参与到设计活动中来，将设计中遇到的各种实际问题作为切入点，引导学生在学习中主动收集资料、整理分类、扩大知识面，对各种知识融会贯通地掌握和运用，创造性地提出解决问题的行动方案，最终科学地解决问题，从而达到预期的教学目标。在教师引导下主动学习，不仅可以培养学生克服困难的意志力，而且有利于其养成勇于探索的积极态度，形成主动进取的学习倾向。

这种教学活动的组织形式是以小组为单位进行的，也就是说，它是以群体间知识、经验交流的方式使每个学生表现其能力的。他们互相启发，产生主动的求知欲和更强探索的愿望，形成自信、自强精神，增强战胜困难的勇气；同时，他们进行知识和经验的交流，听取不同的意见，从而学会将谦虚和自信相结合，和谐地与他人共事。主体性原则要求学生主动探索，积极思考，创造性地解决问题。教师在整个设计活动中起主导作用，成为学生活动的组织者和咨询者。教师在指导过程中，应积极鼓励学生发表不同的见解，对于学生的奇特想法，教师不应轻率地予以否定，而是应该用适当的词语予以鼓励，这样才有利于发展学生的创造性，增强其主动探索的能动性。

三、"模块式"教学法

"模块式"教学法的设想源于幼儿喜爱的玩具积木。每一块小小的积木好似一块块的"模块"，小巧灵活，其独特的几何外形表现出自己的个性，彼此间既可以独立使用，也可根据不同的构思、按不同的方式来形成不同的模块搭配组合，以构成形态各异的完整图形。"模块式"教学法就是借用"积木"的小巧灵活和可以组合性的精髓，使职业教育能随着市场需求的千变万化，在课程设置和教学内容的组织上做出相应的调整，以适应区域经济社会发展的需要。

（一）"模块式"教学法的渊源

模块是国际劳工组织职业培训领域内的专门术语，其含义是指在某一职业领域或工作范围内，将一项工作（对应工种或岗位的）划分成若干部分，且这种划分要符合实际工作的程序和工作规范，要有清楚的开头和结尾。这样划分出来的每一部分可看作一个模块。模块内的活动以技能为主线，辅以必要的理论知识。每一个模块是整体的基本组成部分，每一个模块本身是独立的，可以将其进行不同的组合。同时每一个模块都是标准化的，有严格的指标要求，否则就无法对模块进行不同组合。

模块教学法是国际劳工组织为帮助世界各国特别是发展中国家开展职业培训、提高劳动者素质，于20世纪70年代，在广泛研究世界各国先进培训方法的基础上开发出的一种新的技能培训模式，在瑞士、德国、新加坡和泰国等国家应用后反响良好。

我国是从1987年开始引进模块教学法的，引进的初衷是想推动我国职业教育的改革。多年来，我国学者拓宽了它的应用领域，不但在就业前培训中应用，而且还用于岗位培训；不仅用于工人培训，还用于干部培训；不仅用于晋升培训，还用于转岗培训。同时，有学者将模块教学法中国化，演化为"宽基础，活模块"的教学模式。现在我国接受过模块教学法正规培训的人数已达数万人，他们分布在全国各地、大部分行业系统，他们在本职工作中有时运用模块教学法的观念和方法来提高所在系统的培训效率和效益。我国运用模块教学法开展的职业培训工作也取得了很好的效果。

（二）"模块式"教学法的特征

"模块式"教学法在我国已经得到较为普遍的运用，根据对"模块式"教学法的研究与实践，总体而言，"模块式"教学法主要具备以下特征。

1. 模块可大可小

一个模块可以是一个知识单元，也可以是一个操作单元，还可以是一个情景模拟单元。模块设计以便于教学组织、满足教学需要、提高学生综合职业能力为原则。一般来说，只要模块设计得科学合理，便会取得良好的教学效果。作为教材的学习单元不同于传统的教材，每个学习单元仅包含一个特定的技能或知识，操作技能型单元则要有详细的操作步骤，内容描述都要求言简意赅。

2. 目标可测可量

职业教育的培训大纲是通过对人才需求的分析以及对工种、任务和技能的分析而开发出来的，与社会的需求及企业的生产紧密相连，教学目的非常明确——使学生具有从事某一职业所必需的能力。除了总体目标之外，每个模块、每个单元都有一个可测量的学习目标，学生可以清楚地了解完成每个学习环节所要达到的目标，这样就可以提高学生的学习兴趣，激发其学习积极性。

3. 方法多种多样

"模块式"教学法在知识模块授课中既可以采取学科式班级授课的方式，也可以采取讨论法、谈话法或研究法，以激发学生的学习兴趣，调动学生的学习积极性，启发学生思考。这既有利于学生较系统地掌握本专业所必需的理论基础知识，又可以充分提高教师对模块的使用效率。这对一些职业院校教师相对不足有一定的缓解作用。在教学中，除可以使用上述方法外，还可以使用参观法，如在理论课和生产实习课中参观生产过程、操作方法等。

"模块式"教学法在专业课技能模块授课中可采取岗位练习法、模拟法、案例法结合的方式，以提高学生实践技能。岗位练习法是让学生在工作岗位上反复进行操作练习，并通过动手结果反馈，纠正错误动作，形成技能技巧。模拟法是让学生在模拟的工作岗位环境中扮演职业角色来进行技能操作训练。案例法的应用，是在学生学习一定专业理论后，选用实际工作中出现（或可能出现）的典型事例，组织学生分析讨论，提出解决问题的意见。

4. 形式灵活多样

在教学组织形式上，根据教学模块实际需要，可以采取灵活多样的理论教学和技能教学组织形式。比如，可以采用课堂教学、现场教学、分组教学、个别辅导、个别实践等多种教学组织形式。

四、项目教学法

项目教学法是指通过一项完整的"项目"工作而进行教学活动的教学方法，即将项目以需要完成的任务的形式交给学生，由学生自己按照实际工作的完整程序进行，包括收集信息、制订计划、决策、实施、检验成果、评估总结等步骤。在现代职业教育中，项目教学法能将教学与真实工作过程有效地结合起来，培养学生较高的职业能力，因此，它在职业教育教学过程中处于重要的地位。

（一）项目教学法的起源

项目教学法的萌芽是欧洲的劳动教育思想，雏形是18世纪欧洲的工读教育和19世纪美国的合作教育。时任美国哥伦比亚大学劳作科主任理查特提出劳作训练不应依照老师的规定来进行，而应由学生自己计划，然后再照着计划去进行。理查特称之为"Project"。

项目教学法的起源与发展与20世纪初进步主义教育运动和科学化的儿童研究运动有关。1918年，杜威的学生克伯屈在哥伦比亚大学师范学院学报上发表了《设计教学法》(Project Method)。在我国，大陆学者将其译为"设计教学法"，台湾学者将其译为"方案教学法"，其中"Project"一词现在更多译为"项目"。克伯屈提出的设计教学法折射了杜威的两种见解——"问题解决法"和"做中学"，即先创设问题情境再由学生去解决问题。项目教学法的理论基础是建构主义，建构主义教学观认为学习过程是学生在教师帮助下，通过多方面因素综合作用下主动建构意义的过程。

（二）项目教学法的发展

教育专家弗雷德·海因里希教授曾在欧美国家素质教育报告演示会上，以这样一则实例介绍项目教学法：首先由学生或教师在现实中选取一个"造一座桥"的项目，学生分组对项目进行讨论，并写出各自的计划书；接着各组正式实施项目——利用一种被称为"造就一代工程师伟业"的"慧鱼"模型拼装桥梁；然后演示项目结果，由学生阐述构造的机理；最后由教师对学生的作品进行评估。通过以上步骤，可以充分发掘学生的创造潜能，并促使其在提高动手能力和推销自己的能力等方面努力实践。

随着现代科学技术及生产组织形式对职业教育要求的不断提高，人们更多地倾向于采用项目教学法来培养学生的实践能力、创新能力、应用能力、社会能力及其他关键能力。

我国的职业教育发展比较缓慢，随着工业的发展才使职业教育逐渐受到重视。在职业教育教学方法上，黄炎培强调使用调查研究法，"手脑并用，做学合一"。杜威的实用主义教育理论在中国得到了广泛传播，带动了中小学的教育领域实验新教法的热潮，其中较为流行的有"设计教学法"等。20世纪80年代，职业教育学理论中出现了一种新的思潮——行动导向教学法，注重从传授一门专业知识和技能出发，全面增强学生的行为能力，而行为引导教学中最常用的教学方法之一就有项目教学法,因此项目教学法隶属于行动导向法,是行为导向教学法中具有代表性的一种教学形式。它首先在高等教育中比较早地得到运用——1984年广州美术学院工艺美术系进行了项目教学法的探索,将其运用在环境艺术设计专业中并取得良好的效果。由于项目教学法在培养学生的全面素质和综合能力方面的突出效果,更多的职业技术学校开始尝试采用该教学法。

(三)项目教学法的内涵

项目教学法是一种教和学的模式,它集中关注于某一科的中心概念和原则,旨在把学生融入有意义的任务完成的过程中,让学生积极地学习、自主地进行知识的建构,以现实的学生生成的知识和培养起来的能力为最高成就目标。项目学习可以成为概念上的教与学所赖以存在的中心环节,而不仅仅是在努力学习过程之后进行的一种辅助性的充实。项目教学法将一个相对独立的多任务组成的项目交给学生完成(学生通常被分为几个小组),这个项目是跨专业、跨学科的,有较强的综合性,持续时间一般是一个月到一个学期,不占用课堂时间。此方法用以培养学生的协作能力和跨专业知识的学习和运用能力,而不主要是专业知识的学习。对学生的自觉性、自学能力、协作能力、人际交往能力等均有较高的要求,是行动导向法中学生独立性最高的一种方法。

项目教学法在诸多方面具有自身独特之处。

一是在内容方面,项目总是包含激发学生兴趣的亮点,任务呈现在复杂背景之中,学生要在不同观点之间发现存在着的学科之间的联系,努力克服任务本身包含的模糊性、复杂性和不确定性给完成带来的困难。项目总是体现现实世界中学生关心的问题。

二是在活动方面,在项目进行过程中,学生要进行多方面的调查;学生为回应挑战难免要遇到障碍,所以总是设法寻求资源支持,直至最后完成任务;学生在完成不同任务的过程中自主建立起不同观点间的联系;学生采用真实的辅助工具,如现实存在的资源和可以利用的技术;针对从专家资源和实际校验中获得的观点,学生会形成自己的认知。

三是在条件方面,项目学习法鲜明地支持和体现学生的自主性。学生在交际环境中参与探究性的团体活动和进行学科学习;教师要求学生以个人或集体的方式展现出任务管理和时间管理方面的行为;学生安排自己的工作和自己控制学习的进度;学生所从事的工作具有学者、研究者、工程师、记者、规划师、经理等相似的综合职业性。

四是在结果方面，项目学习法所追求的结果表现为学生现实的成就。学生生成了复杂的智力成果，如模式和专题报告，用来展现学习的过程和结果；学生参与自己学习成就的评价；学生有权决定展现自己能力的方式；学生展现自己在容易被忽视然而对现实能力培养至关重要的方面所取得的进步，这些能力包括交际技能、生活技能、自我管理技能以及自主学习技能。

（四）项目教学法的实施条件

项目教学是师生通过共同实施一个完整的"项目"工作而进行的教学活动。实施项目教学的课题必须满足以下条件：

①该工作过程可用于学习一定的教学内容，既具有一定的应用价值，又有一个轮廓清晰的任务说明。

②能将某一教学课题的理论知识和实践技能结合在一起。

③与企业实际生产过程或现实的商业经营活动有直接的关系。

④学生有独立进行计划工作的机会，在一定的时间范围内可以自行组织、安排自己的学习行为。

⑤有明确而具体的成果展示。

⑥学生自己克服、处理在项目工作中出现的困难和问题。

⑦具有一定的难度，不仅涉及学生已有知识、技能的应用，而且要求学生运用新学习的知识、技能解决过去从未遇到过的实际问题。

⑧学习结束时，师生共同评价项目工作成果和工作、学习方法。

事实上，在职业教育教学实践中，很难找到能够完全满足这八个条件的课题，特别是完全要求学生独立制订项目工作计划和自行安排自己的学习组织形式方面，教师通常需要做多方面的协调工作。不过，当一个教学课题基本能够满足大部分要求时，仍可以把它作为一个项目来对待。在开始流行项目教学法时，主要是采用独立作业的组织方式，后来随着现代科学技术及生产组织形式对职业教育要求的提高，尤需采用项目教学法来培养学生的社会能力和其他关键能力，因此也就更多地采用小组工作的方式。

（五）项目教学法的一般实施步骤

项目教学法的使用程序一般可按照下面五个教学阶段进行：确定项目任务、制订计划、实施计划、检查评估、项目展示或结果应用等。

1. 确定项目任务

一般由教师提出一个或几个具体项目任务，征求学生意见，或与学生一起讨论，最终确定项目的目标和任务。

2. 制订计划

一般是在教师指导下，由学生根据实际情况确定分工与合作的方式，然后制订实施计划、确定工作程序。

3. 实施计划

学生根据已确定的实施计划进行具体实践活动。

4. 检查评估

项目完成后，一般先由学生自评，再由教师对项目成果进行检查评价；亦可师生共同讨论、评判工作中的问题解决方法、学习行为特征等。

5. 项目展示或结果应用

师生组织开展成果展示活动，或与有关机构联系，以对结果进行应用。

综上所述，项目教学法中的项目主要源于现实生活，是现实生活中真实存在的事物。教学过程中，学生在教师的帮助下选择既与课程内容相关的、又感兴趣的主题开展教学。项目教学法强调学习的主动建构，是学生通过对项目进行深入的调查、直接的了解和观察与亲身实践，获得直接经验的以学生为本的教学活动。在项目教学法中学生有独立制订计划、安排工作的机会，会经历通过小组或独立做项目的过程。在学习结果上强调学生的自学能力、观察能力、动手能力、研究和分析问题的能力、协作和相互帮助能力、交际和交流能力，以及生活和生存能力的培养。因此，对于教师来说，项目教学法是一套教学策略，比较灵活而又复杂，教师引导学生对现实生活中的事物进行深入学习的过程也是教师灵活应变和创造性地解决教学中所遇到问题的过程；对于学生来说，项目教学法的工作任务都有一定难度，在完成学习任务的过程中，学生自己做决定，自己单独或在小组中寻求解决问题的办法，学习过程也是创造的过程。

五、案例教学法

案例教学法是一种较为常见的教学方法，它引导学生研究实际问题，注重学生智力开发及能力培养。它是一种理论联系实际、教学相长的教学过程。它要求根据教学大纲规定的教学目标，以案例为基本教材，在教师的指导下，运用多种形式启发学生独立思考，对案例所提供的材料和问题进行分析研究，提出见解，做出判断和决策，以此提高学生分析问题、解决问题的能力。案例教学的宗旨不是传授最终真理，而是通过一个个具体案例的讨论和思考去诱发学生的创造潜能；它甚至不在乎能不能得出正确答案，它真正重视的是得出答案的思考过程。在课堂上，每个人都需要贡献自己的智慧，没有旁观者，只有参与者。学生一方面从教师的引导中增进对一些问题的认识并提高解决问题的能力，另一方面也从同学之间的交流、讨论中提高对问题的洞察力。较之传统教学方法，案例教学法显示出以下特点。

一是灵活多样，有利于激发学生求知欲。案例教学法在具体实施中可以有多种形式，既可以进行典型示范引导，又可以进行逼真模拟训练；既可以进行个人练习，又可以开展小组讨论。教师可根据不同的教学内容创设问题情境，激发学生的求知欲。

二是生动形象，有利于深化理论学习。案例教学法在具体实施过程中，往往是从具体上升到抽象，即通过对具体案例的分析研究来探寻带有普遍指导意义的内在规律，从中导出一般的原理、理论，因此比较易懂、好记、生动形象，有助于理论学习的进一步深化。

三是注重互动，有利于学生能力的培养。案例教学法遵循"以学生为中心"的原则，强调在教学中应将教与学的过程视为一种社会的交往情境，在这样的情境中，学生能够主动参与学习活动，师生能够相互交流，并且在此情境中学生能够通过反复的练习形成一定的学习能力、社会能力和职业能力。因此，在这样的教学中，学生真正被摆到"学习主体"的位置上，他们不会被要求强记内容，但必须开动脑筋、细心思考，如此反复训练，学生分析问题、解决问题的能力必然有所提高。

四是评价民主，有利于学生创新意识的形成。案例教学法要求教师在教学过程中鼓励学生自由探索、大胆质疑，及时提出自己的看法和见解，充分尊重学生的意见和好奇心。尤其是案例教学法中对问题的分析、解决，往往不设标准答案，只要学生分析得有道理，即使与原方案相违背，教师也应该予以肯定。因此可以说，案例教学法是一种民主、科学的教学方法。有关研究表明，要想真正培养出有创新意识、创新精神和创新能力的创业人才，在教育过程中就必须采用民主、科学的教学方法。总之，科学地选用案例教学法，改变传统的、单一的教学模式，是有利于学生综合素质提高的。

就案例教学法的实施而言，实施的关键在于案例的选择。因此，案例教学法的应用必须以对案例类型的明确为前提。通常情况下，案例主要分为三大类：问题评审型案例、分析决策型案例和思维或理论发展型案例。

问题评审型案例首先给出问题，例如给出汽车的具体故障现象和具体的解决方案，而让学生进行评审和讨论：这种解决方案是否最佳？技术性、工艺性、经济性如何？是否还有其他可行方案？

分析决策型案例中首先给出问题，如给出汽车的具体故障表现，在学生中征集解决方案，包括如何检测诊断、如何确认故障、如何排除故障，最后进行比较、判断，确定较优方案，供大家研讨。

思维或理论发展型案例是针对一些特殊案例而言的。例如，对于一些特殊案例，可通过案例分析来形成汽车故障诊断与维修的基本思路和普遍规律。对于提高学生的学习能力有极大的促进作用。

可见，针对不同的案例类型，应采取不同的实施方式，以积极引导、发散学生的思维，最大限度地发挥学生的潜能。

六、四步教学法

四步教学法以对某些具体知识和技能的掌握作为主要的教学目的，它由四个教学环节或步骤组成。

（一）讲解

首先，教师以提问的方式了解学生已有的知识结构、专业水平等，以便根据他们的情况有效地展开教学活动。然后，教师通过演示某器械的功能等方式生动、有趣地引入教学的主题，如器械的安装或制作。在这一步骤，教师尤其应该注意激起学生的认知兴趣和动机。

（二）示范

教师向学生明确学习的目标，即学生在教学活动结束以后应该掌握的知识和技能，并从做什么、怎么做、为什么这样做三个方面来组织教学计划，安排教学内容的展开。教师在讲解的同时，通过实验或教学用具向学生示范如何操作。

（三）模仿

由学生进行学习活动，即按照教师已做的示范，自己动手模仿操作。

（四）练习

教师对整个教学活动进行归纳总结，对教学的重点、难点进行重复，教师也可以通过提问了解学生的掌握程度。在此基础上，由学生自己通过练习达到完全掌握和熟练运用。

在四步教学法的教学过程中，教师主要采用提示型的教学样式教授教学内容，不过随着教学环节的延展，教师也可以采用评价、教学对话等共同解决型的教学样式。教学的组织以班级授课为主，但是教师可以采用多种变化的形式，如让学生环绕在自己周围，以便他们能够更加清晰地观察示范动作和过程，教师则可以借助于静态或动态的直观教学技术，如模型、绘图、现场参观、演示试验等，向学生讲解理论知识。期间学生学的活动更多的是受纳性的，学生主要通过倾听、观察、模仿、练习等形式展开学习。

七、引导提示教学法

引导提示教学法又叫六步教学法，是一种能力本位的教学法，以培养学生的"关键能力"为教学的最终目标。这种"关键能力"的概念近年来在职业教育领域得到了进一步的发展，它可以理解为"职业性和跨学科的能力，并且补充了职业性的资格"，并可归纳为五个方面，即组织能力、自主性和责任感、交往和合作能力、承受能力、学习能力。

引导提示教学法是借助一种专门的教学文件，引导学生独立完成学习和工作任务的项目教学法。这种专门的教学文件就是引导课文。引导提示教学法是项目教学法的完善和发展，其特点是：学生主要通过自学的方式，从书本的扣象描述总结出具体学习内容，并由此建立起具体的理论与实践的对应关系；培养学生独立解决复杂实际问题的能力和职业经验；系统地培养学生的"完整的行为模式"，适合专业提高阶段的能力培养。

引导提示教学法一般由以下几部分构成：任务描述、引导问题、学习目的描述、工作计划、工具需求表、材料需求表、时间计划、专业信息和辅导性说明等。它是一种通过"完整模式的行为"培养"完整的行为模式"的方法，其实施过程可分为六个阶段进行。

（一）收集信息

学生通过广泛地收集信息，抓住由教师或书本材料提供的核心问题的本质，从而为下一步做好充分的准备。学生可以将收集到的信息以书面的形式进行简短概括，或者以个人或小组的形式准备对核心问题的回答。在这一教学环节结束时，教师将每个人准备的答案贴在黑板上，引导学生展开讨论和交流各自的依据，明确核心问题的本质，即"做什么"。

（二）制订计划

在这一环节里，需要解决"怎么做"的问题，即制订工作的计划，包括具体工作的日程安排。通常以书面的形式拟订工作计划。

（三）做出决策

这一环节通常采用教师与学生谈话的方式，就所拟订的计划是否适合学生的实际水平、提出的解决方案是否可行以及所选择的工具是否合适等问题交换意见，最终做出比较合理的决策。

（四）实施计划

这是实质性的阶段，在此阶段，学生完成工件制作或其他委托任务。这个阶段也包括工作与检验的相互交替、不断反馈、调整进度和修订方案。

（五）检验

在实施阶段终了时，将产品同要求进行比较，检查其质量与规格相符合的程度。这时，学生可以参考检验表格独立检验或由教师检验。

（六）评价

评价涉及对前五个步骤的评价，包括对产品本身质量的评价、对学生行为及工作态度和责任心的评价等。评价通常以教师和学生谈话的方式进行。

引导提示教学法实际上是一种由教师来引导学生自主进行探究的教学法，多采用教师与学生共同解决问题的教学样式。引导提示教学法适合解决小而具体的问题，目的是专业知识的自主学习。教师根据教学目标设计一个情景，提出待解决的问题，学生可以独立或者分组完成。与一般的项目教学法做法不同，教师在此时会提供给学生在处理问题时可能需要用到的材料。这种方法是基于课时的，一般在课堂上进行，持续时间为 1～2 学时。比如，在制订旅游计划过程中，每 5 个学生结为一组，每组内以抽签方式确定一个游客，其余 4 个学生是旅行社的业务员，此时指导材料可准备以下内容：业务员如何了解游客的需求，支付方式、出行要求，电脑（可上网），旅行手册，地球仪。

第三章　高职教师素质概述

第一节　高职教师素质标准

"素质"一词本是生理学概念，指人的先天生理解剖特点，主要指神经系统、脑的特性及感觉器官和运动器官的特点。各门学科对素质的解释不同，但都有一个共同点，即素质是以人的生理状态和心理实际活动为基础，以其自然属性为基本前提的。个体生理的、心理的成熟水平的不同决定着个体素质的差异。因此，对人的素质的理解要以人的身心组织结构及其质量水平为前提。

素质是人的能力发展的自然前提和基础，素质加修养构成人的素养，素养是由训练和实践而获得的技巧或能力。

教师素质通常包括政治素质、思想素质、道德素质、业务素质、审美素质、劳技素质、身体素质、心理素质等。对于高职教师来说，其中某些素质的内涵存在特殊性，如业务素质除教学业务素质外，还包括职业技术教学的素质。

19 世纪俄国教育家乌申斯基曾说："教师个人对青年人心灵的影响所产生的教育力量，无论什么样的教科书、什么样的思潮、什么样的奖惩制度都是代替不了的。"教师要教书育人，其言与行、品与德、学与识、才与能等方面都应符合相应的要求。

关于高职教师的素质，一般来说是指高职教师在教学活动中表现出来的决定其教学效果并对学生身心发展有直接影响的思想观念、学识能力和心理素质的总和。要做好一名高职教师，要有理想信念、道德情操、扎实学识、仁爱之心，要把自己的温暖和情感倾注到每一个学生身上，用欣赏增强学生的信心，用信任树立学生的自尊。要做好一名高职教师，还要有过硬的专业知识与教学水平，有精湛的职业技能与技艺，有培养高素质技术技能型人才的能力。总体来说，高职教师素质是师德水平、知识水平和能力水平的综合体现,是开展职业活动的前提和有效教学的基础。高职教师应努力由先天条件和后天学习与锻炼获得从事教育工作的素质与修养。

合格的高职教师应该具备以下几个方面的基本素质。

一、具有高尚的道德

德乃师之灵魂,是教师素质的第一要素。教育家陶行知所说的"捧着一颗心来,不带半根草去",是对教师高尚道德情操要求的最好诠释。可以说,师德是教师教学能力提升的道德基础,即教师需要具备一定的教学情操,具有较强的责任感。

首先,高职教师的仪表要端庄。讲台是神圣的,教师要体现威严。高职教师既要威严,也要有亲和力,自敬自重而不轻浮狂躁,仪容、举止得体。

其次,高职教师要具备人格魅力和学问魅力。高职教师人格魅力表现在有一颗仁爱之心,关爱学生,这是高职教师爱的根本。教育家陶行知曾指出:"要人敬的必先自敬,重师首在师之自重。"高职教师要恪守师德,正人先正己,修身先修心,做到为人师表,言行如一。同时,高职教师要治学严谨,不断提升自身能力,做到既能向学生展现学科专业知识与技术的神奇魅力,又能使自己课堂教学效果好、学生满意。

最后,高职教师要有良好的意志品质。高职教师要做到谦虚谨慎,大度宽容,具有强烈的进取精神和合作精神,善于与他人沟通,擅长处理人际关系,自我调控和调节的能力较强。高职教师还要做到淡泊名利,甘于寂寞,切实做到"临难毋苟免,临财毋苟得"。

二、具有广博的知识

师者,传道、授业、解惑也。广博的专业知识、较高的专业技术与能力水平、良好的职业教学态度和职业教育认知结构是高职教师从事教育教学工作的基础,是很好地履行教书育人职责的看家本领。

(一)高职教师知识储备要丰富

高职教师要不断丰富自己的学识,要广泛涉猎包括社会科学、自然科学等多领域的相关知识，努力做到既广又深。教师只有具备广博、深厚、扎实的文化知识，才能在教学中达到融会贯通、深入浅出、左右逢源的境界。专业知识是高职教师从事高质量教育活动的基础，高职教师必须做到专业理论精通，掌握专业理论与技术前沿动态，不断丰富自己的知识储备。

（二）高职教师知识更新要快

随着知识经济时代的到来，知识海量剧增，知识更新速度加快，高职教师必须主动适应社会发展与时代进步，不断加强知识与技术的更新。正如苏联著名教育家加里宁指出的那样，"教师一方面要奉献出自己的东西，另一方面又要像海绵一样，吸收一切优良的东西，然后把这些优良的东西贡献给学生"。"问渠哪得清如许，为有源头活水来"，就是对教师不断进行知识创新必要性的最真实、最生动、最形象的反映。同时，面对当今学科之间相互交叉渗透、应用技术飞速发展、新学科新知识大量涌现的趋势，高职教师要主动学习专业、行业中的最新知识，补充、完善原有知识体系，不断拓宽专业知识渠道，加快专业技术更新速度，用科学、前沿、先进的理论知识体系武装自己的头脑。

三、具有丰富的教艺

美国的一位教育学家说过："认为只要掌握了学科知识，就自然具备了教学资格，这是一种陈旧的观念。"教育界还流传这样一句话："教师好不等于好教师，教师老不等于老教师。"可知，教师教学能力的核心问题就是提高教学艺术与方法，具有精湛的教艺。

所谓教艺，就是教师在长期的教学实践中形成的，在其教学中经常使用的，能体现自身教学特点的教学艺术与独特的教学风格。有位老教授曾把对教师的要求这样来表述：助教首先要讲得"对"，如果讲错了，那是谬种流传，误人不浅；讲师要讲得"清"，要条分缕析、层层剥茧，讲得非常清楚；副教授要讲得"精"，副教授应该以简驭繁，让学生能够举一反三；教授应该讲得"妙"，旁征博引，妙语连珠；大师则是讲得"绝"，炉火纯青，让人拍案叫绝。还有位教育专家从业务的角度总结了教师教学的四种情形：浅入浅出型；深入深出型；浅入深出型；深入浅出型。浅入浅出型的教师学识浅薄，自己懂的知识不多，能教的知识也不多，教出的学生自然水平不高；深入深出型的教师，是黑厘子式的搬运工，自己钻得很深，然而却讲不明白，吞枣般传授，学生容易听得"云里雾里"；浅入深出型的教师，是把简单的问题复杂化，不讲时还明白，讲完倒迷惑了，故弄玄虚、误人子弟；深入浅出型的教师能把深奥的东西简明化，只需轻轻一点，便使人云开雾散、豁然开朗。

高超的教艺是一名好教师的必备特征，缺乏基本教艺的人无法从事教师职业。教艺不仅是教学的艺术和方法，还体现为一种教育的感召力或感染力，一种教育、宣传、鼓励、组织学生有效学习，激发学生学习兴趣与求知欲望的技巧或策略。良好的教艺能使教师从认知心理学角度，通过爱心、引导、尊重、真诚、激励等行为方式对学生进行学习心理、学习动机和学习热情的激发与开启，有效激发学生对知识的渴望、期待与探究之情，并通过运用语言艺术、信息传递艺术、环境调控艺术、方法应变艺术和情境创设艺术等提高教学效能。

四、具有精湛的技艺

高职教育是培养技术技能型人才的教育，技术技能型人才的培养需要教师具有真正成熟的技艺。教育部在《关于深化职业教育教学改革 全面提高人才培养质量的若干意见》中首次提到了"教练型"教师的概念。"教练型"教师、"双师型"教师、"师徒式"教学模式等强调了高职教师不只是传统意义上的教师，更是具有一技之长的师傅和能工巧匠。这就对从事高职教育的教师提出了更高的要求——教师不仅要成为理论知识的传授者，而且要成为实践技能的拓展者、行业技术与专业技术的引领者。因此，高职教师要真正提高技艺能力，就必须走出校园，多到行业、企业中去学习和锻炼，在实践中实现自己技艺的发展。

五、具有创新的意识

创新是人类进步的阶梯，创新是前进的动力。创新是高职教师的必修课，也是新时期教师所承担的社会责任所在。教师一句创新的语言，都有可能成就一位伟大的科学家。创新是高职教师的基本素质，是必备要求。高职教师创新的意义就在于引领社会创新，引领创新的未来。因此，高职教师要敢于质疑，勇于挑战，精于突破，善于超越，不断提升自己的创造力与创新能力。

（一）高职教师教学观念要创新

所谓观念创新就是要摒弃一成不变的传统观念，从而确立能适应新时期发展要求的新观念。对于高职教师来说，观念创新有很多方面，如教学中教师主体和学生主体的置换、以教为主向以学为主的转化、以知识传授为主向以能力培养为主的转变、以理论传授为主向以动手操作为主的转换等一系列教育教学理念与观念的创新。

（二）高职教师教学方法要创新

教学方法和手段创新是提高教学质量的重要保障。很多教师在实际教学中都曾尝试过教学方法创新，也从创新中品尝到了不少甜头，取得了很好的效果，但也存在一些问题。如有的创新只停留在表面形式上，还没有涉及具体的内容，也没有长期坚持；有的创新只是部分创新，浅尝辄止，也没有深入下去。教师需要意识到，方法创新只有起点，没有终点，要长期坚持。

六、具有敬业的精神

敬业是对所有劳动者的要求，并不是教师的"专利"，但是对于教师来说对敬业的要求、标准会更高。教师的职业是培养人才的职业，是生产不能带有"瑕疵"或"残次品"的职业，是一份"良心活儿"。高职教师敬业需要达到多方面的标准与要求，包括授课严谨、具有责任心等。高职教师敬业还表现为专注精神，即对教育的专注、对知识的专注和对教学的专注。有了专注精神，教师才能排除杂念，不受干扰，集中精力提高自己，搞好教学工作。

第二节　高职教师的角色要求

一个合格的高职教师，必须与其他类型的教师一样，要扮演好六种角色：精神文化的传递者、成长发展的导引师、知识技能的教授者、教学事务管理者、心理困惑的答疑者和职业技能的教练。

一、精神文化的传递者

这是教师职业角色中最具基础性的角色，也是教师职业得以产生、发展并延续到今天的根本原因。正是借助教师这一角色，人类社会积累的文明传递下来，得以继承和发展，人类社会也得以延续和进步。也正是有了教师和教学，学生能够在较短的时间里掌握人类几百年、几千年所积累的知识和经验，形成自己的知识结构和技能技巧，并获得智慧的启迪、能力的发展和人格的陶冶。

二、成长发展的导引师

上高职的学生由于没有考上本科，大多存有很大的精神负担与思想包袱，同时，不少人对职业教育认识不足或者缺乏心理准备，对前途比较迷茫，甚至不懂得职业生涯规划。高职教师不仅是知识与技能的传授者，还应该成为学生未来职业发展的指路灯、导引师，给他们鼓劲、激发他们的热情、帮他们规划，成为他们人生道路上的良师益友。教师是"人类灵魂的工程师"，担负着传递知识和文化的使命，应当把社会价值规范、道德规范通过教育内化成为年轻一代自身的思想品德，使其学会怎样做人、怎样敬业、怎样治学和怎样与他人共同生活，从而顺利地实现个体的社会化，成为适应社会生活的一员。

三、知识技能的教授者

这是教师职业角色中最具核心性的角色，很显然，课堂教学、传授知识技能是高职教师工作的中心与重心。高职教师最基本的角色还是知识教授者、传授者。高职教师要教学生文化理论知识、专业理论知识、实践技能知识和行业技术知识，要引导学生参与社会服务，开展专业应用服务。更重要的是还要教会学生在未来职业生涯中学会做人、学会做事、学会学习、学会生活、学会共处、学会发展的方法。

四、教学事务的管理者

教师不仅是教育教学活动的组织者和设计者，同时还是管理者，负有管理责任。一是对学生的管理，通过教师的教育、教学行为让学生既要符合规范标准又要获得个性的发展，遵章守纪、完成学习任务；二是对教学过程的管理，要进行教学设计、组织教学活动、完成教学项目、实施教学评价；三是对课堂教学管理，对教育教学活动进行控制，是教师的一项重要责任，缺少有效的管理，很难设想教师如何去完成教育任务。经验证明，一名优秀的教师一定同时是杰出的教学管理者；一个像父亲一样严而有度的教师，往往能把班级管理得井井有条，又受到学生的尊敬和喜爱。

五、心理困惑的答疑者

当学生有了心理或生活上的疑惑和困难时，他们通常愿意向一位值得信赖的教师咨询，这就要求高职教师应有慈爱与宽容之心，做到和蔼可亲、平易近人，成为学生的朋友；应与学生和睦平等地相处，学生愿意将自己的心里话和烦心事告诉教师，愿意向他们吐露自己的心声，成为心理卫生的咨询者和保健医生。教师应帮助学生形成积极的自我信念、克服一切障碍与困难的决心和勇气，鼓励学生勇于表现自我，引导他们学会理解与认可不同的意见和分歧，并适时提供一种谅解和宽容的心理环境，使其经常保持一种积极向上的精神状态，为其顺利完成学业、实现自我发展创造条件。

六、职业技能的教练

这是高职教育教师特定的角色。高职教师要像教练指导学员一样，像师傅带徒弟一样，要手把手地教会学生工作技能，完成由学生身份向企业员工身份的转变。高职教育要推崇"教练型"教师，要倡导"师徒"式教学模式，"师徒"式教学是职业技术获取与传承的主要途径之一。

第四章 高职教师教学能力概述

第一节 教学能力的含义

"能力"一词在不同领域具有不同含义。心理学家认为,能力是顺利完成某种活动的个性心理特征。也有学者认为,能力是完成某一具体活动所必需的生理、心理素质条件,是完成活动的本领和力量。

能力是相当稳定的个性特征,这些特征会有效支持任务的完成,并充分体现在其完成任务的绩效上。能力总是和人完成一定的活动联系在一起的,离开了具体活动既不能体现出人的能力水平,又不能提高人的能力。从"能力"的产出结果来思考,能力具有一定的质量和效率取向,它直接影响活动效率和活动结果。

能力按其发挥作用领域的不同又可分为一般能力和特殊能力。一般能力是个体从事任何活动都必须具备的能力,其核心是智力;特殊能力是顺利完成某种专业活动所必备的能力,如音乐家的音乐听觉能力、画家的色调辨别能力等。

教学能力是教师为达到教学目标,顺利从事教学活动所表现的一种心理特征。这种心理特征总要通过一定的教学行为方式来体现,通常将教师完成特定教学任务的行为方式称为教学技能。因此,一个教师的教学能力是通过在顺利完成教学任务过程中所运用的教学技能来体现的,是在一定的教学思想、理念支配下,在掌握教学知识、教学技能的不断实践过程中形成的。

第二节 教学能力的性质

目前,人们对教师教学能力性质的认识及分析主要有以下几种基本思路。

一、与人们对智力和能力的认知活动联系在一起

人们对教学能力性质的认识是与人们对智力和能力的认知活动联系在一起的,即教师教学能力本质上是否包含智力成分的问题。随着现代心理科学关于智力、能力研究的深入发展,人们对教学能力的性质的认识愈益明朗和深刻。如在张大钧主编的《教学心理学》一书中对教师的智力与教育能力做了明确的区分。编者认为,教师的智力是从事教育工作应具备的基本心理素质,是教师从事教学工作的心理基础。教师教学能力作为当代教师从事教育活动所需要的能动力量或实际本领,应以一般能力(智力)为依托,通过具体学科教学中表现出来的特殊能力(专业能力)来表现。

目前大多数专家、学者明确区分了教师智力与教学能力两个概念,将教学能力界定为以认识能力为基础,是一般能力与特殊能力的合理整合和特殊发展。一般能力主要指教师的智力,而特殊能力是指教师在设计、组织和实施具体的教学活动中所具有的能力。有学者指出,教学能力的基础是认识能力。还有学者认为,教师的教学活动是一种认识性活动,有鲜明的智力基础。也有学者指出,教学能力是顺利完成教学活动所必需并直接影响教学活动效率的个体心理特征,是通过教学活动将个人智力和教学所需知识、技能转化而形成的一种教学素质,它依托于一定的智力,是以认识能力为基础,在具体学科教学活动中表现出来的一种特殊能力(专业能力)。因此,以智力为基础发展起来的一般能力与特殊能力的结合是专家、学者对教学能力的性质所持的普遍观点。

二、与人们对教学活动形式的认识联系在一起

人们对教学能力性质的认识是与人们对教学活动的认识紧紧联系在一起的,即从教育目标、教育活动的实施过程,以及教育的方法和手段的运用角度进行分析,侧重的是知识性和技能性的因素,并且将落脚点放在能力的表现形式上,并由此构建出了"一般性和群体性"的教师教育教学能力构成体系。

如罗树华、李洪珍在《教师的能力》一书中指出,所谓教学能力主要是指各科教师应当普遍具有的运用特定教材从事教学活动、完成教学任务的能力,它具体包括:掌握和运用教学大纲的能力、掌握和运用教材的能力、掌握和运用教学参考书的能力、编写教案的能力、选择和运用教学方法的能力、因材施教的能力、实施目标教学的能力、组织课堂教学的能力、教学测试能力、制作和使用教具的能力等。

三、与教书育人的过程联系在一起

人们对教学能力性质的认识是与教书育人过程紧紧联系在一起的，认为教学能力是从教育学、心理学、社会学的角度对学生进行思想品德和职业道德教育的能力。教学是以知识、技能和伦理道德规范为媒介的师生之间的双边活动，教学能力则是教师思想品格、心理特征、行为规范和道德准则的综合体现。"学高为师，身正为范"，态度和意识对于教师教学非常重要，若教师缺乏高度的责任感，其教学态度和行为就容易失范，从而严重制约教学能力的发挥和发展。

我国著名教育学家潘懋元认为，大学教师发展的内容应当包括三个方面：学术水平——基础理论、学科理论、跨学科的知识面；教师教学知识和技能——教育知识和教学能力；师德——学术道德、教师教学道德。

高校教师尤其是青年教师的思想政治素质和道德情操对大学生具有很强的影响力和感染力，须增强教书育人的责任感，真正做到"为人师表"，不仅为学生作学习传播知识的表率与楷模，还要作理想、信念和思想、道德的表率与楷模，成为学生成长的引路人和指导者。

可见，高职教师教学能力是以其心理、道德和语言素养为基础，结合职业和社会认知，通过对高职学生进行全面的素质教育而体现的。高职教师应当具备全面了解并正确评价学生的能力、寓德育与职业教育于教学之中的能力、言传身教的能力等多种能力。

四、与教学问题的解决过程联系在一起

人们对教学能力性质的认识是与教学问题解决过程联系在一起的，即把教学能力看作教师在"操作解决一个教学问题"上的能力。这方面的早期研究基本上是从"技术"或"胜任"层面来研究教学能力的，把教师当作"技术人员"，认为教师只是一个"教书匠"，只是教学手段、技术与目的的中介人，是一个用别人设计好的课程达到别人设计好的目标的知识传授者。随着认知心理学的迅猛发展，对教师所扮演角色的认知已不再停留于"技术人员"这一看法上，更多的是把教学过程看作一个问题解决的过程。有学者认为，教学能力是指在有限的时间里高质量、高效率地完成教学任务的能力。

教师能否把问题解决作为教学的重要目标决定了其教学行为大不一样，带给学生的影响也就大不一样。教师发现问题、分析问题和解决问题的能力对教师搞好教育教学工作至关重要。因此，近年来，一些教师研究专家、学者在肯定以前

的研究成果的基础上，突出了教师完成教学任务所必备的基本知识和技能，把研究重点放在了教师的观察、分析、解释和决策等反思能力的研究上。

第三节　教学能力与素质

一、教学能力与素质的关系

素质与能力是对人格同一层面不同侧重点的表述。一般来说，素质重在存储与积淀，"位势"的变化只表明"量"的增减并不代表"质"的改变，只有当外因发生作用时，素质才能释放能量，故条件是素质"物化"的前提，它更多地具有静态"势能"的形式与特征。而能力重在内化与运用。当主体行动时就会释放能量，故过程是能力"物化"的情境，它更多地具有动态"动能"的形式与特征。

素质是能力形成和发展的自然前提，离开了这个前提就谈不上能力的发展。素质本身不是能力，也不能决定一个人的能力，它仅能够提供一个人能力发展的可能性，只有通过后天的教育和实践活动才能使这种发展的可能性变为现实性。素质与能力不是一对一的关系，在同样的素质基础上可以形成各种不同的能力，而同一种能力可以在不同素质的基础上形成，这完全取决于后天的条件。个体即使在某种素质方面存在着一定的缺陷，也可以通过机能补偿，使有关能力发挥出来。高职教师素质与能力的关系，从某种意义上说，就是势能与动能的关系，在一定条件下可以相互转化。

二、高职教师素质与教学能力

高职教师教学能力，具有教师教学能力的共性特征，也具有鲜明的特色性。对高职教师教学能力的定义，既要从心理学角度进行审视，也要从教育学、社会学等学科视野进行理解。本书从能力内涵和外在构成两个方面，对高职教师教学能力描述如下：高职教师教学能力是由教师个人智力、智慧以及从事高职教学工作所需素养、知识和技能建构而成的职业素质，由教学活动中培养和表现出来的、直接或间接影响教学活动质量和完成情况的个性心理特征，以及由实践中发展起来的、促进教师教育教学的发展特质所构建的一种能力体系。

以上描述包含三方面的内容：职业素质是高职教师教学的基本能力，是教师教学的"智力"因素（智力因素是教学能力的素质基础，是教学能力相对稳定和相对静止的部分）；个性心理特征是教学活动的实施或执行过程中的"心理"因素（这种个性心理因素体现了教学活动行为的特征和规范，是教学能力中易变、可塑的部分，也是教学行为和过程能力的外在表现）；发展特质则是教师教学的"心智"因素（心智因素是教学能力的发展潜能，是教师面对职业环境的应变和创新能力）。

三、高职教师素质与能力的决定因素

高职教师素质与能力由社会与市场发展环境、高职教育教学过程特色以及高职教师职业生涯发展所决定。

（一）社会与市场发展环境

高职教育这个特殊类型是由社会发展阶段决定的。当今社会发展需要四种人才支撑：一是学术型人才，从事科学研究、发现规律、创造理论的工作；二是工程型人才，从事将科学原理转化为工程设计、工作规划、业务决策的工作；三是工艺型、执行型的技术型人才，或称中间型人才；四是技能型、操作型人才，在生产建设一线或工作现场，从事将工程设计、工作规划、业务决策转化为社会物质形式或工作成果的工作。前两者需要有较好的学术修养和较强的研究能力，后两者需要有较好的技术修养和较强的职业岗位适应能力。后两种人才需求催生高职教育，催生了一个以实践为载体、以能力为本位的教育类型的产生，它客观上要求教师的素质与能力与其相对应。

（二）高职教育教学过程特色

高职教育是在高等学校教育的框架下，融入产业、行业、企业、职业和实践五个要素，以培养实际操作能力为核心，面向生产、建设、管理和服务一线的高素质技术技能型专门人才培养的一种职业教育类型。高职教育教学目标的职业性、教学内容的实践性决定了教学过程的特殊性，即教学过程与生产过程交互、教学环境与工作环境交互、教学效果与工作任务完成效果交互。这种教学过程的特殊性，决定了高职教育教师素质与能力的特色性。

（三）高职教师职业生涯发展

在整个职业生涯发展中，专业水平、业务能力、人格魅力是高职教师素质与能力的重要方面。帮助指导学生解决未来岗位的实际问题是检验教师专业能力的

重要尺码；把工作领域转化为学习领域，学习情境为工作情境服务，使学生真懂、真会、能做，体现了教师的教学业务水平；而人格魅力主要体现在教师教书育人的过程中，将优良的道德品质、职业责任、职业精神状态等潜移默化传达给学生，促进学生的综合素养的提升。可见，教师的素质与能力与教师的职业选择、职业发展是紧密联系在一起的。

第四节　高职教师教学能力的本质内涵

从本质上讲，高职教师教学能力是教师教学所需素养、知识、技能等建构而成的一种素质，是教师教学活动中一般共性能力与特殊职业能力的综合表现，是在实践中发展起来的、反映高职教师教学活动及教学发展的能动力量。

教师教学能力涉及认知领域、情感领域和操作领域，它是教师知识、情感、行为和社会实践相互作用的产物。

一、教学能力是一般能力与特殊能力的共同体

从宏观层次来看，大多数研究者认为教学能力是一般能力与特殊能力的组合。一般能力是教学的基本素质，是各种教育能力中的共同成分。特殊能力是智力的基本要素在教学活动中的特殊表现。有学者提出教师能力是由智力、表达能力、实践能力等所构成的一般能力和由管理能力、教学能力、自我认知能力等所构成的特殊能力的结合。1993年，心理学者李孝忠提出教学能力由一般能力和教育能力所组成。一般能力包括分析能力、思维能力和理解能力等，教育能力包括道德品质教育能力、教学组织能力和课堂管理能力等。

二、教学能力是显性能力和隐性能力的综合体

不少学者认为，在教师教学能力结构中，不仅要有对教学起直接、显性作用的成分，还有对教学有间接、隐性影响的部分，这种间接、隐性的部分往往是教学能力形成的必要基础。如教师基本素质虽然对教学效果不具直接的作用，但能决定教学能力形成发展的效度与深度。进入21世纪，有学者提出教育教学能力不可忽视其他隐性能力成分，强调基本素质能力和继续学习能力是教师个人水平不断提升的决定因素，教学整合、协调与交往能力是教师教学能力不断提高的有

力保证，专业应用拓展能力与教学迁移性能力则是教师教育创新活动的必要基础与前提。

三、教学能力是多种教学能力成分的统一体

高职教师教学能力是教师在教育活动中形成并表现出来的。教学活动是一种有目的、有计划、有组织的活动，活动实施过程中不仅有活动的执行成分，还应有保证活动顺利进行的调控成分。有学者认为，教学活动是由一系列性质不同的具体活动构成的，每种活动对应一种特定的能力，教学能力是由多种成分构成的一种综合体。各式各样的教学活动都涉及三种能力——教学监控能力、教学认知能力和教学操作能力。其中，教学监控能力是指教师为了保证教学的成功，达到预期的教学目标，而在教学的全过程中，将教学活动本身作为意识对象，不断地对其进行积极主动的计划、评价、反馈、控制和调节的能力。教学认知能力是指教师对教学目标、教学任务、学习者特点、教学方法与策略以及教学情境的分析判断能力。教学操作能力主要是指教师在实现教学目标过程中解决教学问题的能力，主要表现为语言表达能力、非语言表达能力、选择和运用教学媒体的能力、课堂组织管理能力和教学评价能力等。

四、教学能力是科学性与艺术性的结合体

早期教学能力研究成果大多来自教育工作者对自身教学活动经验的直接总结，而现代教学能力研究则开始注重对教学活动艺术性成分的探索。教学是艺术还是科学，一直以来学者们都有不同的争论，但绝大多数学者倾向于将教学看作科学与艺术的统一。有学者指出，教学是一门艺术而不是科学。也有学者既承认教学的科学性，也强调教学的艺术性。还有学者认为，科学性是教学的首要前提，教学以科学为基础，以艺术作方法。因此，对教学活动的认识在经历了早期的艺术观、近代的科学观与艺术观的对立、当代的强调科学与艺术统一这样一个认识过程后，把教学视为科学与艺术的统一已基本成为共识。教学的科学性与艺术性是教学活动中不可相互替代的两个方面，教学的科学性决定了教学活动有其共性、客观性、可重复性和概括性等特性，而教学的艺术性又决定了教学活动有其特殊性、主观性、创造性和情境性等特性。教学的科学性与艺术性是不可分离的，缺乏科学基础的教学无法保证教学的计划性与目的性，而缺乏艺术的教学则往往是无活力的教学，也就是说，只有将艺术的活动与科学的求真有机结合起来，教学才可称得起是区别于人类其他社会活动的独特的活动。

五、教学能力是多种因素和多种知识的共同发展体

今天的教学比以往任何时候都复杂,影响教学的因素比以前更多,社会发展、科技进步也对教学提出了更高要求。多年来,对教师教学能力的要求很大程度上是在知识本位、教学本位背景下进行的,考虑的也只是提高教学质量和学生发展的需要,忽视了教师个人成长的主观能动性及其自身职业生涯发展的需要,忽视了教师个体素质和教学发展特质在教学能力中的地位。教学能力不单纯涉及教学过程和行为,教师的职业态度、专业精神、教学哲学等因素能对教学能力形成和发展产生实质性的影响。因此,对教学能力的认识必须从人本主义出发,并与教师个体成长与职业发展紧紧联系在一起。如果仅仅从具体教学行为过程中去培育教师教学能力,这只是培育教学的技能,没有上升到思想境界,没有发挥人的主观能动性,因而是不全面的,也难以发挥作用。

教学能力还是基于多种知识结构的统一体。教师的知识结构可分为本体性知识、条件性知识和实践性知识。本体性知识是指教师所授学科的专业知识;条件性知识是指教育学、心理学、学科教学法等知识;实践性知识是指教师通过对自己教育教学经验的反思和提炼所形成的对教育教学的认识。作为一名专业的教师,应该具备普通文化知识、学科专业知识和教育学科知识三大方面的知识,这些知识的掌握和运用程度是衡量教师专业化水平的重要标志。

第五节　高职教师教学能力的本质特征

一、一般共性特征

高职教师教学能力具有教师教学能力的普遍性或共性特征。

(一)延展性

教师在教学中以其独特的教学方式和专业素养教化学生,高水平的教育能力能在潜移默化中影响学生各方面的潜能,快速开启和促进学生社会化发展的进程。

(二)价值性

教师教学能力并不是一个抽象的概念,在应用中可以物化并创造出独特价

值。优秀的教学能给予学生精神上的满足，具有促进学生身心发展的核心价值。教师良好的教学能力对于学生的培养有着极其重要的价值。

（三）独特性

对于教师来说，其教学能力往往表现为自己独特的教学风格和某些方面超出别人的独特的教学技能。而这种独特的教学风格和教学技能是任何竞争对手都难以模仿，或通过短时间的努力可形成的。

（四）叠加性

教师教学能力在教学实践中往往表现为多种能力的叠加，是多种能力要素的综合体。这种综合体能发挥 1+1>2 的整体性效能，并且只有发挥整体性效能才能实现教书育人的效应。

（五）变化性

随着对教师教学能力本质的认识和要求不断提高，教学能力内涵与结构处在动态变化和不断扩充之中。教师教学能力不能始终保持不变，不断提升和走向更高层次是教师教学能力发展的必然要求。因此，随着对教学行为的不断调整、对教学知识不断整合优化，教学能力自身及其结构也在不断升级转化。

（六）复杂性

教师的劳动是塑造人的劳动，即从事劳动力的再生产、科学知识的再生产和社会成员的再生产的一种特殊的劳动。教学原本就是一个十分复杂的过程，具有过程和结果的突发性和不确定性。它涉及教师、学生、教学内容、教学资源、教学环境和教学活动等诸多要素，又受到教师、学生内部的身心状态和外部条件的影响，远非课堂上"照本宣科"式的讲授那么简单。教师要在复杂的教学中取得有效的教学效果，其应该具备的教学能力也具有像教学一样的复杂性。正是这种复杂性决定了教师是一个专业程度很高的职业，须是经过专业培训的人才能胜任。

（七）自主发展

高校教师发展工作强调教师自我评价、自我需要和自我发展。教师教学能力发展受外部环境要求的影响，但更主要地来自教师的主动要求，来自教师自我发展意识和意愿。因此，学校可以通过一些机制（如评价、在学习共同体中的反思等）引导教师形成自主发展的内在需求，培育教师教学能力发展的内在动因，激发教师原始的、自我的、主动发展的动力。

二、职业特殊性特征

高职教育作为培养技术技能型人才的高等教育，以较强的实践动手能力和分析、解决生产实际问题的能力区别于普通教育。高职教师教学能力是带有明显职业特点的特殊能力，体现了教师履行职业教师职责的水平。

（一）职业性

高职教育是为了满足各类职业岗位的工作需求而发展起来的特殊教育类型，重点体现在"职"字上，也就是具有职业特性。职业性特征要求高职教师具有很强的职业技术能力、动手能力，并且具有将职业技术能力与经验传授给学生的一整套教学方法。

国家教委在《关于推动职业大学改革与建设的几点意见》（1995）中指出，高职院校的专业设置要从职业分析入手，根据一定的职业岗位群所需的知识能力结构并兼顾长远需要，确定培养目标，制定切合实际的教学计划。因此，从本质上讲，高职教师教学能力应是适应和满足职业岗位所需要的知识与技能的能力，是一种基于岗位的职业能力。

（二）技术性

高职教育人才培养以社会职业岗位为实际需要，即属于职业型、岗位型、技术型、应用型。因此，高职教师教学能力应是适应和满足职业岗位需要知识的能力，是技能与技术应用性的能力，是既有专业理论知识又有操作技能同时面向生产技术的能力。

（三）实践性

高职教育重视教育实践活动，而重视学生实践动手能力的培养是高职院校区别于普通高等学校的一个重要特征。高职教育实践性教学的主要特色就是注重理论联系实际，以能力培养为中心，着力提高学生动手能力和解决生产、工作实际问题的能力，使教育与训练、教学与实践有机地结合起来。因而高职教师教学能力是一种实践性的能力，在实践中显现，在实践中提升。

华东师范大学的吴德芳教授在《论教师的实践智慧》一文中指出，教师的教学能力具有很强的实践性。首先，教学能力是一种行动能力，是教师将思想转化为行动的能力。其次，教学能力发生在特定的教学情境中，具有时空背景的限制，其涉及的教学行为必与当时实际的情境相契合。最后，教师教学是教师创造性行为的表现，教师既要充分发挥自身的创造力，又要做到具体问题具体解决，选择当时情境下最佳的行为方式。

（四）层次性

高职教师的职业教育教学能力一般有两个层次：一是职业思想教育层次，即对教育受众的职业意识、职业道德、职业规范和职业行为操守的教育，通过一系列系统、有计划、有目的的教育活动使受教育者在思想、认识和责任意识等方面有所提高。教师应有与这种高层次的教育活动相适应的职业思想的教育能力。二是职业技能教育层次，即对受教育者从事某种专业性职业所应具备的工艺能力和技术能力进行教育，所进行的教育属于直接的职业能力教育，这是高职教师从事教育活动的一个基本的能力要求。

（五）"双师"素质

高职教师既要成为教育教学专家，也要成为行业、企业的技术能手，是教育专家与行业专家的统一体，这是由高职教育教学的性质决定的。如果仅仅只是满足其中的一项，是绝不能胜任高职教育教学工作的。"双师"素质是高职教师最具体和最明显的职业特征。

三、高等属性特征

高等性、职业性和技术性是高职教学本质的体现，高职教师教学能力是"高"与"职"的紧密结合体，具有"高"与"职"的双重特性。

（一）高等性

高职教师是高等教育系统的教师，这是由高职教育的定位所决定的。高职教育是我国高等教育的重要组成部分，属于高等教育的层次范畴，正因为如此，从事高职教育的高职教师是高等教育系统的教师。

大多数企业希望高职学生既精于技术又具有一定的组织管理才能，既能扮演宏观决策的执行者又能扮演微观执行中现场决策者和组织者。显然，单一的技能训练远远无法满足这种高度综合的工作需要，这给高职教育的职教属性提出了新要求：高职学生要在专业实践的基础上，具有灵活适应的现代职业能力体系。因此，高职教师的教学应超越职业领域：高职教师教学能力应是一种超职业能力，包括教授学生综合思维能力、组织与协调能力、主动学习的能力、自主性与责任感、心理承受能力等，它是一个动态的能力体系，体现了高职教育的现代职教属性。

高职教育更为重视专业知识和理论知识的学习，注重提升学生的知识素养。这也是高职教育属于高等教育的体现。高职教育若能更好地坚持强化其高等教育功能，丰富和提高知识层次，必能在更大程度上扩大和提高高职学生的就业选择和市场竞争力，也就在根本上体现了高职教育"高"层次、"高"起点的特点。

"高等性"还体现了高职教师教学学术发展性特征，强调了专业发展和教学发展的专深性，特别是创新性。只有进行专业创新和教学创新，才能不断提升高职教师理论水平和技术能力，促进高职教师教学不断发展，以适应千变万化的职业教学环境。

因此，理解和把握高职教师教学能力的高等教育属性，可以从三方面入手：第一，高职教育是与普通高等教育相并列的一类高等教育，其培养的人才规格是一种高等专门人才。第二，高职教育与中职教育培养目标的根本区别在于一个"高"字，高职教育对于学生在理论和实践技术中的科技文化知识要求更高。第三，高职教育强调培养复合型人才，以适应随经济发展和科技进步而出现的高新技术岗位、技术间和技术与技能间的复合岗位，以及岗位技术层次高移和技术幅度的加大。

（二）专业性

教师素养的高低直接影响未来国民的素质，直接关系到国家和民族的未来。随着社会的发展，新知识、新技术、新发明不断涌现，社会对人才的素质要求越来越高，教师在培养人的过程中必须掌握专门的知识，经过专门的训练才能胜任教师教学。1966年国际劳工组织和联合国教科文组织在《关于教师的建议》中把教师教学定为专业性教学。我国的《中华人民共和国教育法》更是明确地规定"教师是履行教育教学职能的专业人员"。在这里，专业人员意味着拥有专门的知识论基础，具有特定伦理定向的特殊教学；专业还意味着一种资质，只有具备了这个资质，取得了相应的资格证书才能从事这个行业。

第六节　高职教师教学能力的发展特征

高职教师教学能力形成不仅具有阶段性，而且其发展具有一定的特征。了解这些特征，有利于在高职教师教学能力形成发展过程中，采取相应的行为与过程措施，促进教师教学能力健康发展。

一、动态性与转换性特征

高职教师教学能力本质上是一种动态的、形成性的过程构建力。从动态性角度来看，高职教师教学能力发展具有动态转换性特征。

（一）教师教学能力发展的动态性特征

高职教师在教学实践过程中，随着教学与专业知识不断增加，教学素质或专业技能不断增强，教师个人思维方式或行为方式也在进行新的改组或呈现新的模式，教师人格品质、教学态度与专业精神也会进行相应的变迁，导致教师教学能力整体性发展变化。这种发展变化是在实践、反思、总结、改进、提高的过程中不断进行的，具有动态性发展的本质。

（二）教师教学能力发展的转换性特征

教师教学能力发展的每一个过程，是教师知识、能力在时间和空间上不断"整合"的过程，教师教学能力发展的每一个层次，都是教师自身各方面知识、能力不断优化整合与不断转换的结果。借助美籍奥地利学者塔朗菲观点，组织可以被看作一个资源整合系统，这个系统从外部环境中获取资源，通过内部整合转化，然后成功地向外部输出。教师教学能力发展是在不断"获取""整合"知识资源和学识资源的过程中，在不断固化旧的已有的教学能力的基础上，通过不断打破静态能力的束缚，用创新来适应教学变革，从而转化派生出新的教学能力。

二、连续性与递进性特征

对任何一个教师来说，教学能力是在实践中逐步积累形成的，教学能力发展贯穿于师资培养和提高的全过程。在这个过程中，教师教学素质与技能由弱到强，教学能力水平由低到高，具有明显的过程连续性和层次递进性特征。

（一）教师教学能力发展具有过程连续性

教师成长要历经职前培育阶段、在职培训阶段和在职任教阶段，并在教学中获得尽可能多的经验以及不断反思自己的教学实践才能逐渐达到专业精致境界，实现教师教学能力发展。这种发展是一个累进、动态的过程，有高潮也有低谷；也是一个漫长、连续的过程，伴随着教师职业生涯全过程。

（二）教师教学能力发展具有层次递进性

教师教学能力发展不是一个简单的线性发展过程，而是呈现螺旋式上升的特点。教师教学能力也不只是原来几项教学能力的简单相加，而是类似于经济学中的范围经济和物理学中的共振现象，其形成具有结构重组的特征。从教师成长的微观阶段过程来看，高职教师由新教师成长为老教师，由初出茅庐的毕业生发展成为教师行业的专家里手，所有的成长都是由最初的起点——新教师教学能力发展开始，继而通过连续不断的教学行为与过程，逐步达到成熟型教师能力水平。从教师成长的整个历程来看，教师教学能力在发展阶段上不断关联递进，在发展层次上不断提高。

三、复杂性与多样性特征

（一）教师教学能力发展具有复杂性

教师教学能力发展与多种因素紧密相关。首先是学校的教学和科研环境因素。教师任职学校的自身条件和环境不同，必然导致教师教学能力发展受到影响，这是不争的事实。其次，整个教育体系的大环境因素会影响教师职业态度与专业精神，继而影响教学能力发展的深度与广度。最后，教学能力的成长因人而异，因个人的智力和知识背景而异，因个人的努力程度而异，即使是起点很高的毕业生，如果不思进取，不能把握教学规律、研究教学方法，那么他也可能会很长时间都处于职业发展中的低级阶段。综合来看，教师教学能力发展不仅仅取决于个人自身的努力程度，更关系到教师所处的外部大环境所提供的条件和机会，具有复杂性。

（二）教师教学能力发展具有多样性

教师教学能力发展性向是 N 维的，具有多层面、多方向的特点。首先，在教师职业成长的不同阶段，其面临的发展任务和需求不同，培养培训的内容和形式不同，教学努力的方向不同，可能导致能力发展方向有差异。其次，由于个体差异，具有相同教龄和职称的教师也有可能处于不同的职业发展阶段，教学能力发展水平就有可能不一致。因此，教师教学能力的提高需要根据教师不同职业发展阶段所面临的问题和需要来不断做出调整，希望一蹴而就的教师培训方案是不切实际的。在设计或组织教师培训时，必须确定教师教学能力所处的发展阶段，为处于不同发展阶段的教师设计并提供个别化的培训内容和方式，提供不同的外界支持和帮助，这样才能使师资培训取得最高效益，促使教师尽快达到专家型教师阶段。

四、整体性与自主性特征

（一）教师教学能力发展具有整体性

整体论认为，各个要素一旦组成整体，就具有孤立要素所不具有的性质和功能，整体的性质和功能不等于各个要素的性质和功能的简单相加，而是具有 1+1>2 的效果。按此理论来考察教师教学能力的发展过程，阶段性只能描述教学能力发展的局部进程，不能用来说明教学能力整体的发展变化。而整体性则能描述教学能力发展的连续性、有序性、关联递进性的本质，也能方便描述各阶段性能力相互引起又内在拥有的共同体关系。整体性要求学校或教师教育机构对教师教学能力发展计划有全局意识，善于把握阶段性与整体性关系，用整体化、一体化的培养行为，促进教师教学能力的持续发展。

（二）教师教学能力发展具有自主性

教师发展离不开某种形式的教育、培训，但教师发展主要是内生的，依赖教师自主性发展。一般说来，现代教师具有下列品质：①自主意识强。教师生活在知识密集的环境里，通过书本、报刊获取的信息量较大，具有较高的文化水平，对事物比较敏感，善于独立思考，自主意识较强。②成才意识强。教师队伍由具有不同专业知识、较高层次的知识分子和行业专家组成。他们都希望在专业上取得成就，技术上有所加强，具有较强的自我成才意识。③荣誉感强。教师大都具有强烈自尊、自信，他们要求被尊重和信任，对荣誉极为敏感，在能力上不希望落后于人。这些可贵的品质是教师教学能力自主发展的先决条件。因此，在教学能力发展过程中，需要重视教师自主性、个性化和自我成长发展的诉求，需要唤醒教师原始的、自我的、主动发展的意识与意愿，需要激发教师主动学习、自我提高及面对外在环境变化和挑战的主动回应精神。

第五章 高职教师职业能力概述

第一节 教师职业能力

一、能力的概念

按照《现代汉语词典》的解释,"能力"是"能胜任某项工作或事务的主观条件"。从现实生活来看,能力是人在社会生活中表现出来的能动性和实践活动力,是运用知识和智力解决实践问题的才能和技艺;从心理学角度来看,能力是人顺利完成某种活动或某项任务所必需的,并且直接影响活动效率的个性心理特征。

显然,能力要通过实践来表现。人对客观世界的改造过程,就是人的能力的表现过程。能力是在知识和智力的基础上,通过实践而形成、发展、提高和不断完善的。能力是一种物化和积蓄的潜在能量。只有通过实践的媒介,才能去发现、挖掘、发挥和发展。某种能力的形成、发展和提升,是人的反复实践的结果。个体通过实践形成的能力,可以使知识、技艺的掌握和智力开发更顺利、更便捷、更有质量。

一般来讲,能力是指人在某种专业活动方面表现出来,并保证该活动具有高效率的特殊能力,诸如实验研究、理论探讨、科学探索、技术发明、艺术创作、科学管理、教育教学活动等方面的能力。实践证明,要成功地完成某种活动,经常需要多种能力的配合或者综合。在实践中多种能力的完美结合、综合或融合,就成为才能。根据自身特点和专业需要,努力培养多方面能力,并尽可能做到互补、结合、综合或融合,是一个人成为优秀人才的基本条件。

二、职业能力概述

（一）职业能力的概念

从职业各种领域来看，职业能力是指能胜任职业工作的能力。从职业心理学角度来看，职业能力是从业者顺利完成职业活动、实现职业功能的个体心理特征。实际上，职业能力已经突破了心理学上的能力概念，是一种综合性质的能力，包括职业知识技能、职业情感、职业态度、职业经验和职业评价。综上所述，职业能力是指从业者运用知识与经验、技能与技巧，按照特定职业所规定的职责、任务和活动方式，完成职业活动的综合能力。

从业者只有具有基本的职业素质，才能胜任职业工作，完成工作任务，站稳职业岗位。因此，判断一个人能否胜任职业工作，需要测评其职业素质，即职业胜任素质。职业胜任素质主要包括：①专业知识，就是从业者完成职业任务必备的工作系统的知识。一般要回答有关职业知识信息的六个方面的问题，即做什么（What）、为什么做（Why）、谁来做（Who）、何时做（When）、在哪里做（Where）、如何做（How）。从业者的专业知识（技术理论知识和技术操作知识）水平是判断其能否胜任职业工作的重要方面。②职业技艺。一个人胜任所从事的职业，还必须掌握相应的职业技能。职业技能回答的是在职业活动中或实际操作中"会不会做""能做到什么程度"等问题。从业者掌握了职业技能，并达到相应的标准，也就具备了从事该职业的实际才能。③从业者的动力因素。动力因素包括职业需要、职业兴趣、职业动机、职业情感、职业特定和职业价值观。这些因素是职业人从事其职业活动的内在驱动力，是一种持久的、深层次的驱动力，对于个人能否胜任职业工作有着决定性的影响。④个人特质。个人特质是指一个人在处事、为人时表现出的独特行为方式，包括性格、气质、特长和行为风格等多方面内涵。当个人特质适合所从事的职业时，个人特质就会对所胜任的职业产生积极的影响。

通过考察不同学者和专家关于职业能力的定义可以看出，学术界对于职业能力有着不同的理解，如表 5-1 所示。

表 5-1　学术界对职业能力的不同理解

定义角度	描　述
本质论	职业能力指直接影响从业者职业活动效率和职业活动顺利进行的个性心理特征。该定义比较抽象，不便于进行具体的职业能力分析工作

续表

定义角度	描　述
条件论	职业能力指从业者完成一定职业任务所需要的知识、技能、特定能力和经验。该定义有利于进行职业分析，使职业能力描述具体化，但是缺乏结构和层次感
结构论	职业能力结构论定义强调职业能力构成要素的综合性，即强调职业能力是一种综合职业能力，包括专业能力、方法能力和社会能力。后两者在职业生涯中起着关键作用，合称"关键能力"。结构论的本质是把知识、技能、特定能力和经验按照关键能力（核心能力）、专业能力（行业通用能力和职业特定能力）和岗位能力（岗位特有能力和企业特殊能力）进行了分类，使职业能力有序化、结构化，但是没有体现出职业能力形成的过程
形成论	职业能力的形成和发展，必须通过参与特定的职业活动或者在模拟职业环境中学习，使知识和技能内化，并与一般能力相整合，这样才能形成比较稳定的综合职业能力。该理论强调了职业能力形成的条件，是"行为导向"课程理论的哲学基础

综合上述理论可知，职业能力是从业者胜任职业工作的主观条件之一，直接影响从业者职业活动的效率。它是各种职业活动中所需要的多角度、多层面能力的整合，是从业者多种基本能力在特定职业领域的应用和升华，是从业者所具有的能力在特定的生成、技术、管理、服务等职业活动中的具体表现。从职业能力的"本质论"到"条件论"再到"结构论""形成论"，是个不断深化的过程。通过该过程，人们能更准确地把握职业能力的内涵，对职业能力的描述由抽象到具体，由无结构的具象罗列到具有结构的序化排列，由静态的结构化描述到动态的形成过程描述。简而言之，职业能力已经从一个抽象的、静态的概念，变成了具体的、动态的概念。

（二）职业能力的层次结构

职业能力可以分为职业特定技艺、行业通用技艺和核心能力三个层次，详见表5-2。

表 5-2 职业能力的层次

职业能力层次	描 述
职业特定技艺	反映职业能力的特性，是针对某个特定的具体职业的技艺
行业通用技艺	反映行业的个性和共性，是针对某个行业中若干职业通用的技艺
核心能力	又称关键能力或通用能力，反映了人类在职业能力方面的共性，具有广泛的、跨职业的普遍运用性和可迁移性

（三）职业能力的外在表现

职业能力的外在表现，是从业者执行职业规范、解决职业问题、完成职业任务的能力，详见表 5-3。

表 5-3 职业能力的外在表现

职业能力的外在表现	描 述
执行职业规范	从业者掌握职业活动所必需的职业知识、技能的范围和程度
解决职业问题	从业者在职业活动中运用职业知识和技能创造性地适应职业环境和处理问题的能力，以职业者在职业活动场所持续地运用技能的情况为评价标准
完成职业任务	从业者完成工作过程后的产出情况，以从业者的实际工作业绩为评价标准

（四）职业能力的类型

核心能力，又称关键能力。它是指超越具体职业的那种非专业能力或跨专业能力，具有普遍的适应性和广泛的可迁移性。其影响之大，已经辐射到整个行业通用能力和职业特定领域。核心能力对于职业工作者的职业发展、人生成功影响极其深远。开发和培养高职学生的核心能力，可以为他们提供广泛的从业能力和长久的职业生涯发展的基础。

1. 职业能力的技术层面

个体在职业工作现场直接表现出来的是特定能力（专业能力），它是一种显性能力；在技术和专业上支持特定能力的是通用能力；核心能力则是特定能力和通用能力形成和应用的条件。因此，核心能力处在能力结构中的内核、最里层，是承载通用能力和特定能力的基础和根源。

2. 职业能力模块

在职业能力结构的集合中，三个层次的职业能力模块不是自成体系，而是内含在每一个职业活动中。换言之，每一个职业能力模块的组成，依次是特定能力—通用能力—核心能力，即与其他职业无交集的部分是职业特定能力模块，同类职业之间的交集是通用能力模块，所有职业之间的交集是核心能力模块。核心能力是处在职业能力结构核心层次上的最大、最核心的交集，其种类最少，适用面最广。这充分反映了核心能力跨职业的属性。很显然，职业教育的"能力本位"课程不能仅限于或局限于专业能力（职业特殊能力）的培养上，还应当适当注重通用能力和核心能力的培养。

3. 职业核心能力的分类

从技能角度来看，职业核心能力是通用性最强的技能，是人们在职业生涯甚至日常生活中都需要的，并且能体现在具体职业活动中的技能。部分国家学者对职业核心能力的分类做了研究，见表5-4。通过表格的纵向可以看出每个国家对职业核心能力的分类；通过表格的横向可以看出同一类型的能力在不同国家是否被归为职业核心能力的情况。

表 5-4 职业核心能力类型

中国	德国	英国	澳大利亚	美国
				运用资源的能力
交流能力		交流能力	表达想法与分享信息的能力	阅读、计算、表达、倾听等基本技能
	明确主题能力		规划与组织活动的能力	
合作能力	团体或社会能力	合作能力	团队合作能力	处理人际关系能力
数字应用能力		数字应用能力	应用数学概念与技巧能力	
解决问题能力	独立性与参与能力	解决问题能力	解决问题能力	思考能力

续表

中国	德国	英国	澳大利亚	美国
信息处理能力		信息技术应用能力	收集、分析、组织信息能力	使用信息能力
	系统和方法能力		应用科技能力	运用技术能力
自我提高能力	反省能力	自我学习与业绩能力		理解体系能力
应用外语能力			理解不同文化能力	
革新创新能力				
				责任感、自尊、交往、政治、自我管理等个人品质

一些学者把表中我国提出的八种职业核心能力分为两类：社会能力（交流能力、合作能力、自我提高能力、应用外语能力）和方法能力（数字应用能力、解决问题能力、信息处理能力、革新创新能力）。

三、教师职业和教师职业能力

（一）教师职业

教师职业是古老而又神圣的事业。教师职业劳动的特点及职责的复杂性和特殊性，使得做一名称职的教师，尤其是做一名优秀教师，并不是一件容易的事情。在科学技术迅猛发展、教育教学内容不断丰富和现代化、教育教学理论不断发展和提升、教育教学改革风起云涌和日益深入、教育对象日趋广泛而复杂的现代社会，教师不经过严格扎实的教育教学基本功训练，不具备一定水平的教育教学技艺，是难以胜任教师工作的。作为教师，要很好地履行自身的职责，既需要有基本的师德修养、渊博的科学文化知识，也需要掌握课程标准、教材和各种教育因素，学会加工、组织管理教学工作等各种技艺，使教学成为学生能够接受、易于接受、乐于接受的教育教学过程。教师要想保证教育教学工作迅速、准确、有效地进行，就要改革和创新教学模式和教学策略，把教学技能转化为教学艺术。因此，教育教学工作既是一门科学，又是一门高超的技术和艺术。对于教育教学技艺的驾驭，需要多方面的能力。这些能力在行为上的综合表现，就是教师职业能力。

（二）教师职业能力

按照教育心理学的观点，教师职业能力是指通过学习、训练和实践巩固下来的迅速、准确、流畅、娴熟地完成教育教学任务的活动方式的综合（或总和）能力。它在总体上分为动作能力和心智能力两类。前者主要表现为书写、实验、唱歌、舞蹈、绘画、体操等一系列身体外部动作合乎法则要求的活动方式，可称为动作技艺；而后者主要表现为借助于内部语言进行的认知活动方式，是在认识特定事物，解决特定课题时，感知、记忆、想象、思维等心理活动合乎法则要求的组合方式，可称为心智技艺。在现实中，许多能力都具有动作技艺与心智技艺两方面的成分。优秀教师总是把动作技艺与心智技艺熔于一炉、融为一体，实现两者的一体化。

依据教育心理学关于能力的有关研究，以及对教师劳动特点的考察，可以认为，教师职业能力是指教师在教育教学实践过程中，通过学习、练习和训练形成和巩固下来的，并加以发挥、创新的，能够迅速、准确、流畅、熟练地完成教育教学任务等一系列行为能力以及智力活动能力的综合、总和或总称。

教师作为履行教育教学职责的专业人员，其职业能力构成，不仅面广，而且程度要求也高，需要从业者具有与其从事职业的能力构成相一致的职业技艺。早在两千多年前，我国思想家、教育家荀子就提出了教师应有"师术"的观点："师术有四，而博习不与焉。尊严而惮，可以为师；耆艾而信，可以为师；诵说而不陵不犯，可以为师；知微而论，可以为师。"（《荀子·致士篇》）在他看来，要成为教师，需要具备四个条件（四种技能），即有威严而使学生敬畏，有丰富的生活经验使学生信仰，讲授学理有理有据、有条不紊，有了解学术的精微之处而加以论述并加以发挥的本领。

教育教学既是一门科学，又是一门技术、艺术。从前，教育界多半强调，教育教学是一门科学、一门艺术。现在，由于新的先进传播技术作为强势的辅助，教学技术被提到重要地位，并形成了教育教学技术一门学科，而且在师范院校还兴办了教育技术专业。

教育教学技艺是教师教育教学能力的核心。按《现代汉语词典》的诠释，"技"一词，即技能、本领、技术、技巧、技法等意思；"艺"一词，即艺术、技能、技法，以及富有创造性的方式方法。两个词合起来，就构成"技艺"。按照《现代汉语词典》的解释，"技艺"就是"富于技巧性的表演艺术或手艺"。

教学技艺至少有两层含义：一是指教师追求的创造性和技艺化的教学境界和风格；二是教师所运用的技艺化的教学策略、技能、技巧，按照美的规律所创造的技艺化教学活动过程，以及独特的教学策略、教学风格和教学效果。前者是高水平、高层次教学追求的富有创造性又给人以美感的至高境界；后者强调的是教师应当从智慧美的角度来设计和实施教学，使教学富有魅力，能吸引、感染、感动和陶冶学生。这样的教学，不但可以给予学生全方位的智慧美的享受，而且有益于学生身心的全面发展，并令师生回味无穷。

现代教学技艺实践表明，教学技艺有以下基本特征：①从效果来看，教学技艺的效果是令人回味无穷的，能影响学生的学习、生活、修养和人生发展。②从形式来看，教学技艺所运用的教学策略、模式、方法与手段是灵活多样、形象生动和睿智巧妙的，有足够的吸引力和感染力，能调动学生学习的主体性、积极性和创造性。③从教学过程来看，教学技艺在遵循教育教学规律的基础上，也应用创造与美的规律，使整个教学蕴涵丰富的创意创造性、审美性和丰富的美感；同时，教学技术手段也起着越来越重要的作用。教学技术与教学艺术的融合势在必行。④从教师素质来看，追求教学技艺化的教师，将科学美、教学技术美、教学艺术美和人格美熔为一炉，充分发挥其创意创造性，从而形成别具一格的教学技艺风格，有助于全面提升教学效果。

第二节　高职教师职业能力的内容

高职教师的职业能力是指高职院校教师必须具备的职业素质与能力，包括"双师"素质、专业能力、学习能力、实践能力、与行业企业有效沟通的能力、职业教育教学能力、"应用型"科研能力、职业教育研究能力等。

高职教师必须具有扎实的专业理论功底、较强的专业技术能力，还必须掌握与专业有关的工作过程知识，具有丰富的实践经验和较强的操作技能，同时还要懂得现代职业教育原理与方法，并能将这些原理与方法灵活地应用于职业教育实践，按照行动导向或工作过程导向或职业活动导向的原则开发、设计学习领域课程，遵循由浅入深的学习认知规律，引导学生按照"资讯、计划、决策、实施、检查、评估"的行动方式,从实践中获得专业知识、掌握专业技能,逐渐建构起知识体系,最终形成职业能力。

高职教师必须具有良好的职业素养,这是承担教育教学工作必须具备的前提条件。

高职教师必须具有较强的沟通能力,不但要与学生、同事和领导有效沟通,而且要与行业协会、企业及其他利益相关群体有效沟通,以便整合校内外教学资源,最大限度地服务于教学工作,以取得良好的教学成效。

高职教师还应该具有较强的"应用型"科研能力以及较强的职业教育研究能力。如果说普通高等学校教师应该具备较强的理论研究能力,那么高职院校教师就应该具备较强的"应用型"科研的能力,应该具备较强的教书育人、科技研究和服务行业企业的能力。

与此同时,高职教师还应该深入学习先进的职业教育理论,深刻领会行动导向或工作过程导向或职业活动导向的职业教育精髓,动态学习,与时俱进,并结合我国的职业教育实际,在教育教学实践中不断创新,为发展有中国特色的职业教育理论做出应有的贡献。为此,高职教师必须具备较强的学习能力,通过不断的学习与探索,实现自身的可持续发展。

综上所述,高职教师的职业能力是经过整合了的知识和技能,是各关键构成要素有机融合而形成的体系,是各关键能力元矢量叠加而形成的合力。高职教师职业能力的强弱,直接关系到高素质技能型人才培养的成败,关系到我国高职教育的兴衰,是各级教育管理者必须关注的重点。

第三节 高职教师职业能力的关键要素

一、"双师"素质

高职教师应具有良好的职业素养,要具有当教师的潜质。优秀的教师应是教师"特质论"(具备当教师的潜质,天生就适合从事教师职业)与教师"行为理论"(通过后天的培养,成为合格的教师)完美、和谐统一的结果。高职教师与普通高等院校教师的重要区别在于其承担着对学生职业能力培养的使命,这就决定了高职教师必须具有较强的动手操作能力(不能"纸上谈兵")。动手操作能力一方面可通过实践,反复锤炼来培养、提升;从另一方面来看,由于存在个体差异，人的天资禀赋也有悬殊，因此，并非每个人都能成为能工巧匠型的优秀技师。这充分说明，高职教师还应该具有"能工巧匠"的部分潜质。此外，教书育人，德育为先。要培养优秀的高素质技能型人才，教师首先应具有良好的品德修养。所谓"身教重于言教"，教师对学生潜移默化的影响是相当深远的。

可见，高职教师要具有从教的潜质，要具有"能工巧匠"的部分"天资"，还应该具有良好的道德品质。这些构成了高职教师必备的职业素质。

二、专业能力

所谓专业能力，是指在特定方法引导下有目的的、合理利用专业知识和技能独立解决专业问题并评价其成果的能力。专业能力包括劳动者的工作方式、工作方法以及对劳动生产工具的认识和使用等方面的能力。简言之，专业能力是利用专业知识和技能解决专业问题的能力。

高职教师应通晓相关专业理论、掌握相应的专业技术，并具备运用所掌握的专业知识和技术解决企业生产一线实际问题的能力。高职教师在本科或研究生阶段的学习仅仅是为获得专业能力打下了基础，而专业能力的形成则需要高职教师在其职业生涯中反复实践、不断积累与锤炼，方可形成。

高职教师必须掌握与专业相关的工作过程知识与技能，而且应该具有丰富的实践经验，如此才能够在高素质技能型人才培养中游刃有余。

三、职业教育教学能力

高职教师的职业教育教学能力包括职业教育能力和职业教学能力两方面的内涵。

（一）职业教育能力

高职教师不但要具有良好的职业素养与职业道德，而且要能够对高职学生进行职业道德、职业健康安全与职业卫生等知识的教育并培养学生良好的行为习惯。因此，职业教育能力是高职教师必备的职业能力之一。具体而言，高职教师要具备培养学生良好职业道德的能力，要让学生了解《职业健康安全管理体系规范》（GB/T 28001—2001）和《职业安全卫生管理体系标准》（OHSAS 18001）等相关国家标准和国际标准，要能培养学生良好的职业习惯并让学生树立工作安全意识。

（二）职业教学能力

从广义的角度分析，高职教师的职业教学能力包括课程开发能力、课程设计能力（课程整体设计能力）、教学设计能力、教学组织能力、对学生学习效果的考核评价能力、多媒体等现代教育技术手段的运用能力、多种教学方法与技巧的综合运用能力（教学技能）等。

1. 课程开发与设计能力

高职教育的学习领域课程开发，是指课程开发主持人在组织召开实践专家访谈会、找出典型工作任务的基础上，按照从业者的职业成长规律，根据学生综合职业能力培养的需要，打破传统的学科系统化课程体系，开发工作过程系统化课程体系的过程。

课程设计的本质是课业设计，它是指课程教学团队在召开教学分析会议的基础上（必要时邀请企业实践专家参与），设计恰当的学习性工作任务和学习情境，并将其合理排序的过程。

在课程开发与设计时，课程教学团队要与行业企业合作进行（有必要将企业兼职教师纳入课程教学团队的范畴），且目标课程在专业课程体系中的定位要准确，要符合高素质技能型人才培养的需要，要能满足专业相关技术领域职业岗位（群）的任职要求，要能对学生职业能力的培养和职业素养的养成起重要的支撑作用或明显的促进作用。

课程开发与设计能力是高职教师必须具备的基本能力。对国内多数高职教师而言，课程开发与设计是一个破旧立新的过程，很富有挑战性，一般要在接受培训后才能胜任。

2. 教学设计能力

教学设计是为达成教学目标、促进学生学习和发展，根据学生特征和环境条件，运用教学原理与方法，选择教学材料，制订教学活动方案的过程。

高职教育的教学设计要突出能力本位特点，要体现工作过程导向或职业活动导向的原则，要打破传统的以知识传授为主要特征的课程模式，要让学生在"做中学"，实现教、学、做有机结合。为此，高职教育教学设计要正确处理知识传授与能力培养之间的关系，要以真实的工作过程和工作任务为依据，序化、整合教学内容，科学设计学习性工作任务，体现任务引领、项目导向（任务、项目中包含必要的学科知识和工作过程知识）。

在教学目标设计上，教师应根据学生个体的特点和能力，为其"量身定制"地设置个性化的学习目标（或教师辅助学生自主设定学习目标）。目标设置要体现"跳一跳，摸得着"的原则，以便学生的潜能得以充分发挥。

在教学环境设计上，教师要策划、设计适合学生学习的环境，营造浓厚的职教氛围。

在教学内容设计上，教师要根据行业企业发展的需要以及从业者完成职业工作所需的知识、素质与能力要求，合理选取教学内容，为学生职业生涯的可持续发展奠定良好的基础。

在教学模式设计上，教师要重视学生在校学习与实际工作的一致性，要有针对性地采取项目导向、任务驱动、工学交替、理（论）实（践）一体等行动导向的教学模式。

在教学方法设计上，教师要根据学习领域课程的内容与学生特点，综合、灵活地运用"角色扮演""引导课文""头脑风暴""思维导图""项目教学""案例教学""小组讨论""启发引导""问题驱动""网络教学""四阶段教学"以及"认证训练相结合"等多种教学方法，充分调动学生的学习积极性、主动性和创造性，最大限度地提高教学成效。

在教学手段的选择上，教师要充分运用多媒体等现代教育技术和虚拟现实技术，建立虚拟社会、虚拟企业、虚拟车间、虚拟项目等仿真教学环境，优化教学过程，提高教学活动的效率和效果。

3.教学组织能力

无论教学方案设计得多么完美，但若教学组织这一环节失误或失败，教学任务最终还是无法完成。教学组织是将精心设计的教学方案具体实施的过程。这一环节活动的成功开展要求教师具有较强的沟通交流、课堂调控以及灵活应变等能力。

①沟通交流能力是高职教师必须具备的基本素质与能力。在现代职业教育活动中，由于信息化水平的显著提高，学生的学习内容、学习方式、学习媒介均发生了巨大的变化，相应地，教师的角色也发生了根本转变，从传统的"传道、授业、解惑"者变成了教学活动的设计者、组织者、协调者和控制者，变成了学生学习的引导者、诱导者、指导者、辅导者和教导者，变成了学生问题解决的参谋者、建议者和咨询者。教师真正成了教学活动的"主持人"，成了学生学习活动的导师、教练和顾问。在这样的背景下，教师的沟通交流能力显得更加重要，它

关系到教师能否调动学生学习的积极性、主动性与创造性，关系到教师组织教学活动的成败。

②课堂调控能力。教学过程是师生双边互动的过程，要充分体现以学生为主体。作为教学活动的主持者，教师要能够驾驭教学活动，要能够调节、控制教学活动的进程。如果教师的调控能力强，就可以将学生形成一个整体，激发学生的创造力，调动学生的主动性，使教学活动在紧张活泼的气氛中进行，取得较佳的教学效果。

③灵活应变能力。现代高职学生思想活跃、思维敏捷，他们通过多种渠道和媒体，能够及时了解与专业有关的行业企业信息，甚至有些学生的家长或亲属本身就在相关领域从业，这使学生受到潜移默化的影响，他们可能了解行业有关的知识与信息。于是在开展项目教学、案例教学以及互动交流式教学过程中，一些学生可能会提到超越教材或学材、与行业企业实际联系比较紧密的问题。如果教师缺乏企业实践经验或专业水平不够高，可能无法回答学生的疑问。在这种情况下，就会使教师处于尴尬的境地，并且会影响教学效果。因此，具有较强的灵活应变能力是高职教师必须具备的基本能力，且这种能力须建立在教师具有扎实的专业功底、熟悉工作过程知识以及企业业务流程的基础之上。

综上所述，教师在组织"行动导向"教学的过程中，要求语言简练、富有启发性，要能与学生进行有效沟通；此外，组织协调、教学进程的控制与应变等能力也变得越来越重要。

4. 考核评价能力

对学生学业的考核评价能力是高职教师教学能力的重要组成部分。随着高职教育教学改革的不断深化，教师对学生学业的评价越来越强调形式多样化、考核全程化，并强调过程评价与结果评价相结合、阶段性评价与终结性评价相结合。在考核时，教师应重点考核学生的综合职业能力以及创新能力。针对某些课程的特殊性，可结合案例分析、角色扮演、仿真模拟等方式进行评价。

四、实践能力

高职院校担负着培养高素质技能型人才的重任，因而高职教师除应具备扎实的专业理论功底外，还应具备较强的实践能力，包括实验技能、实训技能、技术技能、操作技能以及运用所学的专业知识解决企业实际问题的能力。高职教师只有结合自己的专业特点和行业企业的实际情况，通过到企业顶岗锻炼、参与企业技术攻关活动、承担或参与相关工程项目、参与应用研究开发、参加企业的生产和管理活动，才能获得生产过程知识，积累实践经验，提高实践能力，增强服务行业企业的能力。也只有这样，高职教师才能丰富自身的"双师"素质，真正成为一名合格的高职教师。

五、"应用型"科研能力与职业教育研究能力

高职教师应具备较强的科研能力和职业教育研究能力。

科研能力的本质是创新能力，包括理论创新能力和技术创新能力。如果说普通高等院校教师应具备较强的理论研究、理论创新能力的话，那么高职教师则应具备较强的技术创新能力，具备较强的将理论知识转化为科技及现实生产力的能力。长期以来，我国"应用型"技术研究薄弱，科技没有充分发挥第一生产力的作用。高职院校应成为"应用型"技术科研的重要阵地，应提升服务社会、服务行业企业的能力，相应地，这就对高职教师的能力结构提出了较高的要求，要求高职教师具备较强的"应用型"科研的能力。

高职教师不但应具备较强的科研能力，而且应具备较强的职业教育研究能力。目前，高职教育理论的发展已经经历了"高职教育层次论"和"高职教育类型观"等阶段，尤其是后者已经得到了我国职业教育界的普遍认同。事实上，高职教育与研究型大学教育有着本质的区别。研究型大学教育强调学科体系的完整性，而高职教育则强调培养学生的职业能力，强调"做中学"，强调"理（论）实（践）一体"。从该意义上讲，高职教育不能照搬普通高等教育的教学模式，而应该根据高职教育的固有规律，建构起一整套体现高职教育特色的教育体系，并不断创新。

虽然我国的职业教育已发展了多年，但主要还是沿袭了普通高等教育的教学模式，其实质是普通高等教育的简化版或压缩版。尽管有些职业院校曾经探索过加拿大的CBE模式、德国的双元制等模式，但最终都因"土壤"不同而以失败告终。为了能够培养更多的高素质技能型人才，更好地服务于我国的经济建设，高职教师应当有目的、有意识地培养自己的职业教育研究能力，为此，高职教师应当不断学习发达国家的职教理念，同时结合我国的高职教育实际，探索符合我国国情的高职教育模式，真正实现在行动中或工作中培养学生的职业能力，这是在新形势下行业企业对高职教师提出的新要求。

六、与行业企业有效沟通的能力

沟通能力是任何一个社会人都应该具备的基本生存能力。高职教师不但要与学生、同事和领导有效沟通,而且要与行业协会、企业及其他利益相关群体有效沟通,以便整合校内外教学资源,最大限度地服务于教学工作,取得良好的教学成效。因而,沟通交流、语言表达等能力变得格外重要。与普通高等院校教师相比,因教学工作的需要,高职教师要沟通的对象更多,从学生到家长,从学校到企业,从校内到校外。这主要是由于人才培养模式发生了根本变化,从过去的"一元化"人才培养模式(主要由学校培养)逐渐演变成了"工学结合""校企合作"培养模式,而且更加强调行业协会等机构在高素质技能型人才培养中的重要作用,相应地,高职教育教学环境变得复杂化,不但环境构成要素众多,而且要素间的关系也更加复杂。

七、学习能力

近年来,我国高等教育迅速发展,不仅表现在规模的扩张上,而且表现在内涵建设上。首先,普通高等教育已逐渐向"应用型"方向发展,这无疑对高职教育形成一种"替代"的威胁。其次,国家示范性高职院校建设项目的实施,一方面表现出一定的带动作用;另一方面,由于国家教育资源投入的不均衡,各高职院校所在行业与地域的差异性,各高职院校所拥有的教育资源、文化基奠以及发展速度的不平衡性,必将进一步加剧各高职院校之间的竞争。因此,高职教育需要实现可持续发展,各高职院校需要实现可持续发展,广大高职院校教师也需要实现自身的可持续发展。

再从高职教师个体的角度分析,随着我国高等教育规模的扩张,人们接受教育的程度在不断提高,这一方面给高职院校相当一部分在职教师带来了被迫接受继续教育的压力,另一方面给相当一部分应届毕业生带来了就业的压力。此外,高职教师应知晓工作过程知识,应具有企业实践工作经验,应具备"双师"素质,这些无疑给相当一部分高职院校教师带来了巨大的挑战。

因此,高职院校教师必须具备较强的学习能力,通过不断的学习与探索,实现自身的可持续发展。高职教师不但要深入学习专业理论知识,而且要深入学习先进的职业教育理论,深刻领会行动导向或工作过程导向的职业教育精髓,与时俱进,并结合我国的职业教育实际,在教育教学实践中不断创新,为发展有中国特色的职业教育理论做出应有的贡献。

除上述关键构成要素外，高职院校教师职业能力的构成要素还有很多，比如教学资源整合能力等。现代高职教育强调教学团队建设，强调要有一支职称结构、学历结构、年龄结构、学缘结构以及专兼职教师比例合理，具有丰富的理论及实践教学经验，进取心强，具有开拓创新精神，具有"双师"素质的教学团队。换言之，高职教师（特别是专业带头人和课程负责人）要具备较强的教学资源整合能力，要具备整合行业企业资源、同类或异类高校资源（包括教师资源、实训资源、实习基地等资源）的能力。只有这样，"工学结合""校企合作"人才培养模式才能真正得以实现。

第六章　高职院校教师教学管理

第一节　教学管理的基本任务与原则

良好的教育管理能够为教师教学能力的提升与发挥提供保障。对高校教学管理来说，首先要明确其任务与原则。

一、高职院校教学管理的基本任务

高职院校教学管理的总任务，是根据党的教育方针、办学原则和有关政策，按照培养目标的要求，充分利用高职院校的人力、物力、财力以及环境等条件，进行计划、组织实施、监督检查、指挥协调、控制质量等教学管理过程，培养高质量的合格人才。培养人才是教学管理活动的出发点，也是一切教学管理活动要达到的预期目的。高职院校教学管理一切工作必须围绕它来进行，并为完成这个总任务服务。教学管理的总任务具有全局性和整体性。要完成这个总任务，就必须确定教学管理的具体任务，通过完成具体任务来完成教学管理的总任务。教学管理的具体任务包括以下几项：

①按照高职教育的办学定位和人才培养目标定位，不断深化教学改革；及时学习和了解当今世界新技术发展趋势和国家建设的新形势，掌握社会对高职院校培养人才的需求特点，从高职院校的实际情况出发，吸取国内外职业教育的先进经验；认真研究人才培养模式、专业设置、课程体系、教学大纲、教学计划、教学方法等诸方面的现状以及存在的问题和改进调整的方案，解放思想、勇于创新，大力加强和深化教学改革。

②从教学过程的实际出发，组织教学管理人员学习教育理论和管理科学，分析教学过程中的各个环节和指导思想是否符合教学规律和教育目标的要求，发现问题，及时采取有效措施，进行正确的引导和必要的纠正。

③根据教学规律、教学大纲、教学计划和上级要求及高职院校的实际情况，建立健全教学工作的各项规章制度，制订各项教学工作的具体计划，并认真贯彻落实，从而稳定教学秩序，优化教学环境，保证教学任务的完成和教学效果的提高。

④充分调动教学双方的积极性，发挥教师的主导作用，增强学生的学习自觉性和主动性。

⑤运用科学的质量管理理论、方法和手段，研究制定教学质量标准和教学质量评估办法，依据教学质量标准对教学工作进行科学、严格的质量检查和有效的质量控制，确保教学质量的提高和教育目标的实现。

⑥加强校内实习实训基地的建设和管理，充分利用现有的实践教学条件在实践教学中发挥更大的作用。

⑦通过各种途径和方法，定期了解毕业学生和使用单位对高职院校培养人才的意见和建议，认真分析研究，吸取正确意见，作为改进教学管理、调整培养计划、提高教学质量的客观依据。

二、高职院校教学管理的原则

高职院校的教学管理原则概括和总结了教学管理的实践经验，体现了高职院校管理、现代科学管理的基本理论和教学管理本身的特点。高职院校教学管理的一切活动，包括制定教学管理目标、控制教学管理过程、安排教学管理内容、选择教学管理方法，以及建立和健全各项教学管理规章制度、组织协调各方面的关系等，都离不开教学管理原则的指导和规范。任何一种有效的管理行为，总是教学管理者自觉或不自觉地遵循某些教学管理原则的结果。在教学管理中，出现教学管理不善，或者顾此失彼、主次不分的现象，究其原因，都是违背了正确的教学管理原则的结果。因此，只有在正确的教学管理原则指导下，教学管理才能有效地进行。

（一）遵循教学规律要求的原则

教学规律是教学过程中教与学的本质联系，是教与学发展变化的内在必然性，它集中地反映在教与学双方在思想、知识、理论、能力和体质诸方面高迁移和高能动的转化上。在教师有目的、有计划地启发和指导下，学生主动积极地掌握知识、发展智能的教学过程中，凡是本质的、经常起作用的和带有普遍性的联系，都具有规律性。例如，在讲授知识的过程中培养学生的智力和能力；教学要循序渐进，使学生系统牢固地掌握知识；要精选教学内容，使教学的要求与难度适应学生的接受能力。遵循规律即尊重科学，教学要坚持科学性与思想性相结合，理论联系实际，因材施教，在教师主导作用下，发挥学生的积极性和主动性。教学管理只有遵循客观规律，才能促进学生德、智、体、美、劳全面发展。教学管理如果违背了客观规律，必然会受到客观规律的惩罚，表现为教学工作受到挫折、教学质量下降。

（二）坚持正确教学方向的原则

坚持教学的正确方向，是指在教学管理过程中，必须认真贯彻落实党的教育方针和政策。党的教育方针和政策是依据我国政治和经济发展的客观要求制定的。高职院校的职能具体体现了党的教育方针对高职教育的要求，高职院校主要是为国家培养德、智、体、美、劳全面发展的高技能人才，并通过输送合格人才，为国家社会主义现代化建设服务。高职院校教学活动是实现高职院校职能的主要活动，在教学管理活动中，必须遵循高职院校职能的规定，要求学生在政治思想、专业知识和身体素质等方面全面发展，将德、智、体、美、劳辩证地统一起来，保证教学工作的正确方向，培养合格的人才。

（三）实行民主管理与集中统一相结合的原则

实行民主管理是指在高职院校教学管理中，教学管理者要充分调动教职工参加教学管理的积极性和主动性，并依靠他们的智慧和力量管好教学。要搞好教学管理，必须实行民主管理。高职院校教学过程是以教师为主导、以学生为主体的活动过程。教师和学生处于教学第一线，他们最了解教学情况，对教学工作最有发言权，只有充分发扬民主，让他们发表意见，并尊重他们的意见，才能真正搞好教学管理。同时，教学工作涉及学校多个部门、多个单位，必须充分发动其成员积极关心、配合和参加教学管理。教学管理如果脱离群众，无视民主管理的作用，就会产生主观主义和官僚主义，使教学管理失去客观基础。此外，实行民主管理的同时，要加强集中统一。如果只片面地强调民主，形不成统一的管理意见，不仅不利于发挥教职工参加教学管理的积极性，而且会造成教学管理的混乱。

第二节 教学管理组织

教学管理,指的是学校管理组织根据教学规律和一定的管理原则、程序、考核方法,对教学活动实施计划、组织、指挥、协调、监督和调节等手段,提供优质的服务,进而建立正常的、相对稳定的教学秩序,使教学过程中的人、财、物、时间和信息等得到优化配置,以保持教学过程畅通,保障教学工作高效率、高质量进行,实现教育目的。

一、高职院校教学管理组织的构成

(一)教学管理组织的概念

教学管理组织是高职院校管理的重要组成部分,其核心工作是建立能使各部门进行有效配合的教学管理机构。建立良好运转的教学管理组织,是保证教学决策计划、指令及时得到传递、贯彻并有效实施的关键,也是提高效率、实现及时获取信息、不断调整和适时控制的前提条件。教学管理是系统管理,必须建立和健全以校长为首的校、系两级教学管理组织系统,加强教学管理纵向系统和横向系统的协调、一致,使学校的教学决策、指令能得到迅速贯彻执行,以保证教学正常运转,达到最佳指挥效果。

(二)教学管理组织系统

1. 教学工作的领导体制

学校党政一把手是教学质量的第一责任人,校长全面负责学校的教学工作,分管教学的副校长协助校长主持教学日常工作。在学校党委的领导下,由校长办公会议或校务会议讨论决定学校有关教学及其管理的指导思想、长远规划、重大改革举措、重要政策措施等。高职院校要建立健全教学工作会议制度和各级领导定期听课、学习、调研督查、考核等制度,提高教学决策和教学管理水平。

2. 教学工作委员会

教学工作委员会由直接从事教学工作、有丰富教学经验的教师和熟悉教学工作、有经验的教学管理人员组成，在校长领导下，研究和决定学校教学管理工作中的一些重大问题。

3. 教学工作督导组织

高职院校可选聘一批热爱教育事业、教育思想先进、有丰富教学经验、工作认真负责的老教师（包括退休教师）、教育专家和有专业管理经验的管理人员组成教学工作督导组织，配合系（部）和教务处对教学工作进行监督、管理和指导。

4. 校企合作委员会

高职院校可成立校企合作委员会，由学校领导和企业界领导、技术人员、管理人员和一线工作人员组成，把校企合作真正落实，与企业共同完成人才培养任务。

5. 校、系两级教学管理组织机构

高职院校教学管理组织机构一般包括校、系两级。

校级教学管理组织机构一般包括教务处、学生处等职能部门。高职院校要发挥教务处、学生处等部门在教学管理组织系统中的职能作用，明确各处职能及各类人员的岗位职责，协调好各种工作关系；要建立必要的业务指导机构，如教材建设、外语教学、计算机基础教学等工作委员会，加强单项教学工作的咨询和指导。教务处是学校教学管理工作的主要职能部门，教务处的工作状态能够反映一个学校整体教学工作的状态。高职院校应健全教务处的内部结构，配备较强的管理干部队伍，明确组织教学改革和建设的责任，保证教学工作稳定运行，不断提高管理水平和工作质量。

在系级教学管理组织机构中，由系主任全面负责系教学管理和教学研究等工作，分管教学的系副主任主持日常工作。系教学工作委员会是系教学管理工作的研究、咨询机构，要定期研究并向系务会议提出有关建议，系务会议讨论决定本系教学及管理工作的有关问题。系可设教学秘书，在教学系主任的领导下，处理日常教学行政工作并从事教学状态、质量信息的经常性调查了解工作。

6. 教学基层组织

教研室是按专业或课程设置的教学研究组织。作为教学基层组织，其主要职能是完成教学计划所规定的课程及其他环节的教学任务，开展教学研究和教学改革，不断提高教学质量和学术水平。

7. 教学管理组织队伍

高职院校要根据不同岗位的需要，建立一支专兼职结合、素质较高、相对稳定的教学管理干部队伍，有计划地安排教学管理干部进行岗位培训和在职学习，帮助其掌握教育管理科学的基本理论和专门知识，提高管理素质和水平。高职院校要结合工作实际，有组织地开展教育科学研究与实验，创造条件开展国内外高职院校教学管理人员的相互考察、交流和研修，以适应高职院校管理科学化、现代化的要求。

二、高职院校教学管理组织的职能

高职院校的工作以教学为主。学校教学工作要形成整体一致的目标系统，遵循学校发展建设总体目标，编制教学改革和发展规划，确定学校各级教学管理目标。各级教学管理组织要发挥各自的职能，协调一致做好教学工作。

（一）校长的职能

校长全面负责学校的教学工作，主管教学的副校长协助校长主持日常教学工作。学校有关教学及管理的指导思想、长远规划、重大改革决策等，要在校长的统一领导下由校务会或校长办公会讨论决定实施；通过教学工作例会制度和各级管理干部听课、调研制度，提高决策和管理水平；通过职能部门的作用，统一调动学校各种资源为教学服务，统一管理教学工作进程及信息反馈，最终实现各项教学管理目标。主管教学的副校长的工作重点应放在对教学和教学改革的领导和管理上，要根据学校实际制订学校的专业发展规划，提出教学工作目标和近期教学工作计划及重要管理措施，并组织、协调各单位加以实施，定期征询和听取师生、员工对教学工作的意见，总结推广教学经验，对学校整个教学和教学改革工作进行指挥和领导，确保教学管理工作的高效率和良好秩序。

（二）教学工作委员会的主要职能

高职院校要成立由相关人员组成的教学工作委员会，主要承担研究和调整适应社会需要的专业、对学校教学工作的重大问题做出决策、制定教学政策、对整个教学过程做出评价等工作。

（三）校企合作委员会的主要职能

高职院校要加强与企业之间的联系，针对企业的发展需要设定科研攻关和经济研究方向，并将研究成果转化为工艺技能、物化产品和经营决策，提高整体效益。高职院校可与企业联合建立实践教学基地，建立利益共享关系，真正实现"教学—科研—开发"三位一体，实现多方共赢。

（四）教务处的职能

教务处是学校教学管理的主要职能机构，其职能如下：

①协助主管教学的副校长抓好教学计划、教学运行、教学质量、师资队伍等教学管理工作。

②按照学校的决策，对教学、教学改革和教学管理工作进行具体的组织协调，督促、检查各系的教学工作，保证良好的教学秩序。

③对学校的教学和教学改革、教学管理工作提出意见和建议，供校领导决策时参考。

④严格执行学校制定的各项教学规章制度，督促检查各系对各项教学规章制度的贯彻、执行情况。

⑤做好教学文件、教学档案的收集、整理和学籍管理工作。

（五）系（部）的职能

教学系是基层教学管理机构，负责对本系教学工作的组织、领导、管理，即制订本系具体的教学工作计划并组织师生员工加以贯彻实施，在实施过程中不断总结推广经验，提高教学质量和学术水平。教学系可对学校的教学工作提出意见和建议，供校领导决策时参考。

（六）教研室的职能

教研室负责组织教师认真完成学校和系制定的各项教学任务，总结教学经验，开展教学研究，落实教学计划。

（七）教学督导组的职能

教学督导组的职能包括：进行高职教育教学改革研究、对学校教学工作运行状况与教学评估提供指导咨询、对学校教学质量进行监督检查。

第三节　教学计划管理

教学计划是人才培养目标、规格以及培养过程和方式的总体设计，是学校保证教学质量的基本教学文件，是组织教学过程、安排教学任务的基本依据。教学计划应保证培养目标的准确性、实现目标的有效性、课程设置的应用性、培养过程的实践性、培养途径实行产学结合的开放性、学生学习发展的主体性、培养计划具体实施的可操作性。专业培养目标必须全面贯彻党的教育方针和"面向现代化、面向世界、面向未来"的指导思想，努力体现学校和专业特色。

一、高职院校制订教学计划的基本原则

（一）主动适应经济社会发展需要

高职院校要广泛开展社会人才市场需求调查，注重分析和研究经济建设与社会发展中出现的新情况、新特点，特别要关注社会主义市场经济和专业领域技术的发展趋势，努力使教学计划具有鲜明的时代特点。

（二）坚持全面培养学生素质

高职院校要全面贯彻党的教育方针，正确处理传授知识、培养能力、提高素质三者之间的关系，要注重学生德育，全面提高学生的综合素质，实现教学工作的整体优化，切实保证培养目标的实现。

（三）突出应用性、针对性和超前性

高职院校要以培养技术应用能力为主线制订专业教学计划。基础理论教学要以应用为目的，以"必需、够用"为度，以讲清概念、强化应用为教学重点；专业课教学要加强针对性、实用性，注重学习新知识、新技术、新工艺，使学生适应现代发展需要，具备一定的可持续发展能力。

（四）注重培养实践能力

高职院校要做到理论与实践相结合，能力培养贯穿教学全过程。高职院校要

加强实践教学环节，增加实验、实习、实训的时间和内容，减少附设于理论课的演示性和验证性实验。实训课程一般应单独设置，以利于学生掌握从事专业领域实际工作的基本能力和基本技能。

（五）贯彻产学结合思想

产学结合是培养高等技术应用型专门人才的基本途径。学校应主动争取企事业单位参与产学结合，共同制订和实施教学计划。教学计划中的各个教学环节既要符合教学规律，又要根据企事业单位的实际特点妥善安排。

（六）从实际出发，努力办出特色

在遵循上述原则的基础上，高职院校应努力探索多样化的人才培养模式，积极推行"双证"制（学历证书与职业资格证书或技术等级证书），努力办出高职教育特色。

二、高职院校教学计划的构成与时间安排

教学计划的主要内容包括专业的具体培养目标，人才培养规格要求和知识、能力、素质结构，修业年限，课程设置、教学环节及学时分配，教学进程表以及必要的说明等。

高职院校教学分为理论教学和实践教学。理论教学包括课堂讲授、课堂讨论、习题课等教学环节；实践教学包括实验、实习、实训、课程设计、毕业设计（论文）等教学环节。高职教育专业的修业年限一般为二至三年，非全日制的修业年限应适当延长。三年制专业的课内总学时一般为1600～1800学时，其中实践教学一般不低于教学活动总学时的40%；两年制专业的课内总学时一般为1100～1200学时，其中实践教学一般不低于教学活动总学时的30%。

三、高职院校制订教学计划的一般程序

高职院校制订教学计划的一般程序如下：
①学习理解上级有关文件精神。
②广泛开展社会人才市场需求调查。
③确定及论证专业培养目标和基本规格。
④设计学生知识、能力和素质结构。
⑤教务处提出本校制订教学计划的意见和要求，由系（部）制订教学计划方

案，经校（院）教学工作（学术）委员会审议，主管校（院）长审核签字后下发执行。

⑥教学计划一经确定，必须认真组织实施。教学计划既要相对稳定，又要根据社会经济发展的新情况适时进行调整修订。教学计划的调整修订或制订相应实施性教学计划，由有关系（部）在开学前两个月提出，经教务处审查，主管校（院）长批准后执行。

四、高职院校教学计划的实施

教学计划的实施是学校教学管理中的一项重要工作，是完成教学任务、稳定教学秩序、保证人才培养质量的前提条件。教务处要充分发挥在学校教学管理中的中枢职能作用，切实做好该项工作。

①教务处编制各学期的教学进程计划，对各教学环节提出总体协调意见；调配教室等教学资源；确定考核方式。

②系（部）根据教务处的总体安排，制订学期教学计划，经教务处审查后报分管教学副校（院）长批准执行。

③教学计划确定的课程、教学环节、学时、授课时间、考核方式、任课教师等均不得随意改动，执行过程中需要调整的，应严格按照审批程序执行。

五、高职院校教学大纲的制定

教学大纲是根据教学计划编订的某课程（含实践课）教学内容及要求的纲要性文件，是组织教学工作、检查教学质量、评价教学效果、选择编写教材、装备教学设施、落实培养目标和教学计划的最基本的教学文件。

教学大纲的内容应包括本课程的教育目标、教学内容的基本要求、实践性教学环节要求、学生学习要求以及必要的说明等部分。

教学大纲一般由系（部）组织有关教师编写，经系（部）和教务处审议，报校（院）领导批准执行。教学计划规定开设的课程（包括单独设置的实验课、实习实训课等），均应制定规范的教学大纲。教学大纲应在相应课程开设前一个学期完成。教师在教学过程中必须严格执行教学大纲的要求。

六、高职院校教材建设与管理

教材建设是教学基本建设之一，是保证人才培养质量的重要措施。改革开放以来，在各级教育行政部门、学校和有关出版社的共同努力下，我国已经出版了一批高职教育教材，但从整体上看，具有高职教育特色的教材还很匮乏。为了适应高职教育形势的发展，高职院校教材建设和管理工作应该实现制度化、规范化和科学化。

（一）教材建设

1. 教材建设的组织

高职院校要成立教材建设工作委员会，在其领导下有计划、有步骤、有重点地开展教材建设工作。教材建设工作委员会由主管教学的校长担任主任，成员由教务处长、系主任和学术水平较高的教师组成。教材建设工作委员会下设若干课程组，每组设组长一人、成员若干人。教材建设工作委员会的主要职责如下：

①对学校教材建设总体工作提出原则性意见。
②审议学校教材建设规划和计划。
③审批教材建设立项。
④审批教材预定计划中的新教材。
⑤对立项建设教材进行检查。
⑥评选校内优秀教材，推荐参加省（部）优和国优评审教材。
⑦引进和推荐使用国外优秀教材。
⑧有关教材建设的其他重要工作。

2. 教材建设的原则

教材建设要紧紧围绕培养高技能人才开展工作。基础课程教材要以应用为目的，以"必需、够用"为度，以讲清概念、强化应用为教学重点。专业课程教材要加强针对性和实用性。同时，教材建设不仅要注重内容和体系的改革，还要注重方法和手段的改革，以跟上科技发展和生产工作实际的需求。

高职院校在教材建设过程中要重点支持编写内容和体系上改革力度较大，具有创新精神和明显特色的高职教育教材；重点支持技术水平较高，能反映生产、建设、管理和服务第一线的新技术、新知识、新工艺的高职教育特色教材和讲义；支持编写和出版教学急需而市场上又难以买到的教材；支持编写公共课、基础课和受益面较广的技术基础课、选修课教材；支持编写新建专业的各类教材；支持能提高教学效率和教学效果的音像教材和计算机辅助教学课件的编写和出版；支持引进和翻译国外水平较高且适合我国国情的高职教育教材、专著等。

（二）教材管理

为加强教材管理，严格教材选用、订购与印刷的审批程序，把好教材质量关，高职院校应设有专门的教材管理机构，专人负责教材的订购与发放，并建立相应的管理机构及相应的管理制度。教材管理一般由教务处教材科管理。

1. 教材的选用

教材由教研室提出选用意见，系主任审核，报教务处批准。教材选定后，要做到相对稳定，换任课教师不换教材。选用的教材必须符合高职教育教学基本要求和人才培养目标。应注重选用具有高职教育特色的教材；优先选用规范的高职教育统编教材；没有全国统编教材的课程，可以组织人员自编教材或讲义。

2. 教材的订购

教材的订购工作是一项计划性和时间性较强的工作，系（部）必须在规定的时间内，将订购教材登记表按时送交教材科，由教材科统一制订订购计划。计划一经确定，不能随意更改。原则上每门课程只能选用一种教材，不得以任何借口为学生订购其他教材，增加学生负担。

3. 自编教材或讲义的编写

自编教材或讲义要经教研室充分论证，由系主任审核，报教务处批准后组织编写。相关人员在编写教材或讲义时，要注意其先进性、科学性、实践性和知识结构的完整性，并便于学生自学；要注意前后课程的衔接，防止不必要的重复；特别要注重实验教材的编写与选用，其内容必须加强对学生动手能力的训练，并可选择适量的提高性、设计性实验，以培养学生的独立思维能力和研究能力。

4. 教材评价

系（部）要建立教材使用档案与教材质量跟踪调查制度，每学期要对本系使用的教材质量及使用情况进行检查、评价，作为以后选用教材的主要依据。

第四节　教学运行管理

教学运行管理是学校组织实施教学计划过程中最核心最重要的管理。整个教学运行管理要抓住两个重点：一是以课堂教学（包括实验、实习、实训教学等）为主的教学过程管理，要充分发挥教师的主导作用和学生的主体作用，贯彻教学相长的原则；二是以教学管理职能部门为主体的教学行政管理，应制定教学工作制度及规程，对课堂教学、实验教学、实习（实训）教学、课程设计、毕业设计（论文）等教学环节提出要求，并认真组织实施。

一、高职院校课堂教学的组织管理

课堂教学是教学的基本形式，课堂教学的组织与管理是教学管理工作中最基本的管理活动。课堂教学的组织管理工作包括以下内容。

①认真选聘有相应学术水平、责任心和教学经验的教师任课。非师范院校毕业的教师要补好教育基本理论课；无实践经验的专业课教师要补好生产实践课。对新任教师和开设新课的教师应进行岗前培训，并要求课前试讲。

②组织任课教师认真研究和讨论教学大纲，组织编写或选用与大纲相适应的教材或教学参考资料。

③任课教师应认真备课。任课教师在熟悉教学计划、教学大纲的基础上，以教务部门下达的教学任务书为依据，制订课程学期授课计划和教学进程，撰写教案和讲稿。学期授课计划应全面考虑讲授、实验、实习（实训）、习题课、课外作业、复习、考核等内容，突出重点，教学进度设计要科学合理。

④任课教师应认真组织教学。任课教师要遵循教书育人、因材施教的原则，采用符合高职教育规律的启发式、讨论式、指导式等多种教学方法，把思想政治教育、职业道德教育、创业创新教育融会于教学全过程，把传授知识、开发智力、培养能力等诸方面统一起来。

⑤经常（或定期）组织教师开展教学研究。高职院校对积极钻研并创造新的教学方法，在培养学生良好学风、提高自学能力和创新能力方面做出贡献的教师，可给予物质或荣誉激励。

⑥积极推广计算机辅助教学、多媒体教学技术、虚拟技术等现代教育技术，扩大课程教学的信息量，提高课堂教学效率。

二、高职院校实践性教学的组织管理

实践性教学内容要严格依据专业教学计划及教学大纲中对实践环节的要求进行教学，主要形式包括实验、实习、实训、课程设计、综合练习、社会调查和毕业设计（论文）等。高职院校实践性教学的组织管理主要涉及以下内容。

①学校要重视实践教学内容的改革，增开综合性、设计性、应用性强的实践项目，加强现场模拟教学的组织和设计，重视训练学生基本技能和应用能力，规

范实践教学及考核办法，保证实践教学质量。学校要建立相对稳定的校内外实习（实训）基地，逐步建立和不断完善产学结合的机制。

②实习（实训）教学计划由系（部）结合校内外具体情况拟定，经主管教学工作的校（院）长批准后执行。实习（实训）计划的主要内容包括实习的性质、目的与任务，实习内容、方式、场所和时间分配，学生分组情况与指导教师的安排，实习成绩的考核与评定方法，实习组织与保证完成实习任务的措施等。

③课程设计、综合练习、社会调查的选题，应根据教学计划和教学大纲的要求，紧密联系实际，立足培养学生观察问题、分析问题和解决问题的能力。具体选题由任课教师拟定，经教研室审核后，报系（部）主任批准。

④毕业设计（论文）是学生毕业前进行综合训练和模拟从业训练的重要实践性教学环节，选题应注重针对性、应用性和实践性，具体由系（部）拟定，经教务处审核后，报主管教学工作的校（院）长批准。

⑤选聘有一定理论水平和较丰富的专业实践经验的实习指导教师或工程技术人员指导学生实践活动。实习指导教师应根据实践教学大纲的要求，认真准备，精心组织，耐心指导，注重学生基本技能、技术应用能力、创业精神和创新意识的培养。

⑥指导教师应及时、认真地批改学生实践活动后提交的实验、实习、实训调查报告或设计成果，综合学生在实践活动中的表现评定成绩，写出评语。实践教学活动一般单独开设，单独考核。

三、高职院校考核管理

凡教学计划规定开设的课程都要对学生进行考核。考核命题应以教学大纲为依据，积极改革考核的内容和方法，着重检查学生掌握所学课程的基本理论、基础知识和基本技能的情况和实际应用能力。学校要制定严格的考试制度，严肃考风考纪，精心安排考务工作；对考试作弊者，要依据有关规定严肃处理。教务处负责考核的指导、组织和检查工作。

四、高职院校日常教学管理

学校要依据各专业教学计划制定学期教学进程表、总课表、考试安排表，保证全校教学秩序稳定，对这三项重要表格文件的执行情况要有管理制度和检查办法，执行结果要记录在案。在实施过程中，系（部）和教务处应会同教学督导员经常了解教学信息，加强教学督导与管理，严格控制对教学进度及课表变更的审批，及时处理执行过程中出现的问题或事故。

五、高职院校学籍管理

学籍管理的基本内容包括对学生入学资格、学籍注册及变动、在校学习情况、毕业资格的检查、考核与管理。学校应依据上级有关规定，制定本校的学籍管理办法，建立健全学籍档案，做到及时、完整、准确、规范。学校要建立严格的学期注册制度，维护学校注册制度的严肃性。在注册制度的基础上，学校要积极探索学年制、学分制和其他有利于提高教学质量的改革。

六、高职院校教学资源管理

学校要搞好教学设施（教室、实验室、实习实训基地、图书馆、阅览室、体育运动场馆等）、教学仪器设备和图书资料的合理配置、规划建设与管理，建立健全规章制度。学校要充分发挥现有设施与设备的作用，保证教学需要，最大限度发挥校内教学资源效益，同时要积极开发、合理应用社会教育资源，建立相对稳定的校外实习实训基地。

七、高职院校教学档案管理

学校应按档案管理要求建立健全教学档案管理制度。教学档案应实行分级管理，由教务处和系（部）安排专人负责，按年度分类管理、编目造册及归档。学校要积极推行档案管理现代化建设，建立档案查阅制度，充分发挥教学档案的作用。教学档案的内容范围如下：

①上级教育主管部门下达的政策性、指导性教学文件及有关规定。

②学校制定的各项教学文件和教学规章制度。

③教学基本建设的各种规划和计划、师资培训计划和实施情况、教育资源（含教学设施及仪器设备等）统计材料。

④学校、系（部）和教研室的学期（或学年）教学工作计划和总结。

⑤校历、教学进程表、考试安排表、教师任课通知书及课程表、学期授课计划、课程教学总结、实验实习计划及总结等。

⑥课程设计任务书、毕业设计（论文）任务书、优秀毕业设计（论文）。

⑦学生花名册、学生注册统计、新生复查情况、学籍变动情况、学生学业成绩、学生成绩统计分析、毕业生质量跟踪调查、毕业资格审核等材料。

⑧教学研究计划、行业（或区域）经济教育调研报告与资料、教学改革实施方案及总结、典型经验材料和教学研究刊物、学报等。

⑨使用教材目录、自编教材（或讲义）、教学参考资料、参加全国或全省编教材的印本、实验（实习）指导书、习题集、试题库（试卷库）、试卷分析以及各种声像资料等。

⑩教师业务档案，包括教师基本情况登记表、教案及教学工作小结、教师考核资料、教学工作和工作量统计表、论文论著及成果、进修（培训）登记及考核材料等。

⑪教学检查统计分析材料、教学工作评价（估）材料、教学工作量统计分析材料、教学工作会议纪要、教学管理成果及各种奖惩材料等。

⑫其他有必要立档的教学文件和资料。

八、高职院校教学管理组织的职能

①教研室应按学期初制订的"教研室工作计划"组织集体备课、公开教学，组织政治与业务学习和教学研究活动，定期组织检查和测评教师的教学进程和教学状况。

②系（部）要定期召开教研室主任会议和任课教师会议，了解情况，布置工作，总结和交流教学及管理工作经验，及时研究解决教学过程中出现的问题。

③教务处应协助主管教学的校（院）领导定期或不定期地召开系（部）主任教学工作例会或专题工作研究会，了解、协调和处理教学计划实施过程中出现的各种问题。

第五节　教学质量管理

教学质量管理是通过对教学全过程进行检查、监督、测评、控制以促进教学质量的提高。职业院校教学质量管理包括教学常规检查、学生成绩考核、实践课程考核等。

一、高职院校教学常规检查

①教学常规检查是学院教学质量管理的重要方法。学校要建立经常性的教学

检查及日常教学检查制度，并认真实施。学校每年应组织相关部门力争做好学年（学期）教学准备工作、期中和期末三个阶段性检查，通过检查找出当前存在的主要问题，提出改进措施，并在实施中加以检验。教学检查与教学评估、教师考评等工作要相结合。

②日常教学检查制度包括对教学秩序的维护与检查、教师日志的管理及审阅、教学部门中层以上领导听课等制度。学校各级领导可随机听课，校长、分管校长和教务处长、副处长一般每学期听课6～8课时；系、部、中心的主任、副主任一般每学期听课不少于10课时；教研室主任一般每学期听课不少于12课时；教研室要组织教师之间相互听课，每学期不少于12课时。听课要有记录、有分析，将发现的问题及解决意见及时转达给有关部门和教师本人。听课记录期末交教务处作为考核领导政绩的一项重要内容。

③学年（学期）教学准备工作检查应在分管院长的领导下，由教务处、系、部、中心等部门组织有关人员逐级进行，在学期末检查下学年（学期）的准备工作。教学准备工作检查的重点包括学年（学期）所设专业的教学计划、教学大纲、教学进程表、任课教师与教学任务书、授课计划、课程表等的编制与准备，实习、实训等实践性教学环节的安排，教师的备课情况等。

④期中教学检查是以前半学期教学计划的实施及教学质量情况为主要内容的阶段性检查。通过对理论与实践课程授课计划的实施进度、考试考查情况的检查，结合日常教学检查情况，分析教学质量，总结经验，找出问题，提出改进措施。期中教学检查在分管校长领导下进行。

⑤学年（学期）末教学检查是对本学年（学期）以来教学计划的实施及教学质量情况为主要内容的教学检查。它包括期末考试、考查的组织，成绩评定与统计分析，教师教学小结，教案检查以及教学成果检查等。学年（学期）末检查在分管校长领导下进行。

二、高职院校学生成绩考核

学生成绩考核是教学质量检查的重要手段，是确定学生升留级的依据。高职院校要按照教学的规定认真组织学生成绩考核。教学计划规定开设的课程必须考核，考核方式有笔试（闭卷与开卷）、口试、课程设计与毕业设计、答辩、实际操作等。

①考核成绩的评定可采用百分制、四级制（优秀、良好、及格、不及格）或按合格、不合格评定。学生考核成绩的评定以期末考核为主，适当参考平时成绩。

对平时成绩、期中考试成绩、期末考试成绩以及实践课成绩在总成绩的比重，学校应有明确的规定。

②考试命题的依据是教学大纲。试卷应覆盖课程全部主要内容，突出基本知识、基本理论、基本技能，要重视对学生智力和能力的考核，注意学生综合运用所学知识分析和解决实际问题的能力。要合理选择试题类型，以适合各类课程的教学要求。试卷难度和题量要适度。试卷要附有标准答案和评分标准。试卷在印刷前要经过认真校准。试卷的命题、审核、选定和印刷各环节要严格保密，对泄密事故要严肃处理。

要贯彻考、教分离的原则，采用 A、B 卷或多份试卷的命题方法，尽可能地由非任课教师命题（或由教研室共同命题）。要积极创造条件，依托各种力量逐步建立各课程的试题库，使用计算机存储和实现考试组织管理的现代化。

③考场是考核学生成绩的重要场所，教务处要精心安排，严格管理，要有切实可行的考场规则和监考守则。考场的设置、秩序表、监考与巡考人员安排，要有利于维护严明的考场纪律，建立良好的考试秩序和防止作弊行为的发生。要认真填写考场记录，对于发生的违纪行为要按规定严肃处理。

三、高职院校实践课程考核

各种实习均应进行综合考核，根据学生在实习中的综合表现和实习报告评定成绩。

①对课程设计（大型作业）、社会调查、毕业设计（论文）的考核一般采取答辩的方法。学校组织答辩委员会（小组），通过考查学生对一门或多门课程科研课题的掌握情况，考核学生综合知识和独立解决实际问题的能力，考核学生的实验、实践等方面的技能，考核学生的文字、口头表达能力等，根据作业、设计、论文的质量和答辩情况评定成绩。

②阅卷工作要做到客观、准确、公正。一般采取集中、流水阅卷。试卷样本、标准答案及评分标准应归档保存。评阅后的期末试卷由教务处保存一年。学生成绩表应在考后一周内上报教务处，上报后的成绩任何人不得私自改动。学生要求成绩复查时，应由教务处指定人员会同任课教师共同进行。

③教务处在学期末或下学期初应对课程学业成绩进行定量与定性相结合的综合分析，求得各种统计量，如平均成绩（个人平均、班组单科平均、班组总平均），分率（优秀率、不及格率），成绩分布等；并通过对统计量的纵、横向比较找出影响统计量的主要因素，如班级、个人的素质（学习动力、文化素质），

教师的教学水平、方法、责任感，试卷的难易程度、与大纲的吻合程度等，作为对学校综合教学质量分析与监控的依据之一。

四、高职院校教学质量评价

专业教学质量分析与评价是学校根据专业特点对所设专业进行的教学质量管理工作。学校教务部门应组织系、部、中心相关人员对所设各个专业围绕专业培养目标，通过教学质量检查进行专业教学质量的分析与评价。

除对专业学生成绩进行分析外，教学质量分析还包括对专业培养目标实际情况、教学计划存在的问题、课程结构与衔接、课程教学内容的取舍、理论与实践性教学环节的安排等做出分析。学校教务部门通过专业教学质量分析，提出该专业提高教学质量的措施和建议，分管校长及教务处、系、部、中心应对分析报告进行认真审阅，按照规定的程序对专业教学计划、大纲、教材进行适时调整。

高职院校的职业性特点决定了其教学质量评价要求的独特性。

（一）工学结合对高职教学质量评价的要求

在以知识本位为基础的评价观指导下，现行的教师教学评价形式主要是奖惩性评价，忽视了教师的主体性。现行的教师教学评价存在的问题主要包括：在评价功能方面，评价主要为教学管理服务，导向、诊断和激励功能不足；在评价主体方面，存在评价主体缺失现象，教师没有充分参与到指标体系的制定和评价过程中，对评价指标内涵缺乏理解；在评价机制方面，以总结性评价为主，过程评价不足，评价程序随意，流于形式，忽视教师的自我评价，这种"以点代面"的评价，既影响评价结果的科学性和有效性又忽视了教师的成长和发展，影响教师提高教育教学水平的积极性；在评价指标体系的内容方面，注重对教师专业基础知识和知识传授水平方面的评价，忽视对教师专业实践能力、组织能力、指导能力及学生学习效果方面的评价，忽视学生在课堂教学质量中的关键地位；在评价指标体系构建方面，指标过严过细，缺乏教改方面的新要素，在一定程度上限制了教师的个性和创造性发展。

当前各高职院校正在深入推行工学结合的教学理念。工学结合理念下的教学模式主要表现为"以学生为主体、以教师为主导、突出能力目标、用适当的任务进行能力训练"。在工学结合模式下，教学目标、教学内容以及教学方法与手段较之传统方式有明显的不同，具体表现为：教学目标能力化，由注重知识传授转向注重职业能力的培养；教学内容职业化，由单纯地强调理论知识转向实践与理论并重，依据职业岗位的工作任务需要的知识、能力、素质要求确定教学内容；教学方法行动化，由讲授法转向"教、学、做"一体化的行动导向教学法；教学场地实践化，由固定教室转向教学、实训一体化的实训教室。因此，工学结合人才培养模式对教师也提出了较高的要求：在以任务为载体的课堂教学和实践教学中，从项目的选取到教学情境的设计再到教学方法的选用，都需要教师有较高的设计能力；在学生分组学习过程中，既要使学生有较高的积极性又要保证良好的秩序，还要兼顾教学安全，这需要教师具有较高的教学组织能力；在"行动导向"的教学过程中，从问题情境的创设，到在学生解决问题过程中进行适当指导，使其养成良好的思维习惯、操作习惯，都需要教师有较强的引导能力；在项目教学过程中，教师只有了解企业的经营过程和生产流程，才能在项目、典型的工作任务选取方面有的放矢；在技能训练中，教师只有具备较高的操作能力和动手能力才能示范准确、指导到位，这些都需要教师具备较丰富的企业实践经历和实践能力。综上所述，工学结合对高职教学质量评价系统提出了较高的要求，具体体现在以下方面。

一是树立发展的评价观。在工学结合人才培养模式下，高职教学质量评价在全面质量观的指导下，其价值取向由单纯的工具价值观转向工具价值观和主体价值观的统一，以"能力核心"和"就业导向"成为高职教学质量评价体系的核心理念。"能力"不再是传统意义上的技能，它包括了专业能力、方法能力以及社会能力，是职业技能与人文精神的综合体现。因此，高职教学评价观也从知识本位转向能力本位。

二是引入发展型教学评价。发展型教学评价的根本目的是促进教师提高教学水平，使教师在满足学校发展规划的前提下，实现自我发展。由于发展型教学评价既能纠正缺点，又能有效促进教师的专业发展，因此，当前国际上教师教学质量评价是奖惩性评价制度与发展性评价制度并存。

发展型教学评价的具体内容包括：①重视教师的自我评价和自我认同感。评价者应该了解教师，评价前制定有针对性的评价目标；在评价过程中给教师表现自我的机会，鼓励教师自我评价；达成评价结果时，应与教师进行充分的沟通，使教师认同结果，同时通过帮助教师分析问题产生的原因，提高教师的反思能力。②发挥质量评价的引导和激励功能。教育心理学研究表明，教师都有渴望了解自己工作成果的心理，并会自发地与周围群体和个人进行比较。因此，科学合理的评价结果，能够帮助教师发现自己的优点与不足，促进教师主动参与到教学中，努力提高教学水平。因此教学质量评价应该包括计划、实施和结果反馈等环节，必要时增加跟踪评价和再反馈的环节。反馈的方式应针对教师类型有所不同，重在指出问题，提出改进的建议，落实改进效果，进而促进教师的专业发展。③在评价主体方面，使教师成为制定教学质量评价标准的参与性主体。教师参与到评价标准的制定过程中，发表自己的意见和建议，有助于提高对标准的认可和理解程度，使教师在评价中更好地表现自我，取得理想的评价成绩。④评价内容的重点由评价教师"教"的质量转向评价学生"学"的效果，注重对学生职业能力评价，评价方式注重过程评价，定量与定性结合，注重评价结果的纵向自我比较。

三是对教师教学质量实施全面评价。①在重视教师的知识传授能力的基础上，突出对教师教学设计能力、教学组织能力、教学引导能力和实践能力的评价。②突出对学生学习质量的评价。教学质量由教学双方决定，学生的学习效果是教师教学质量的直接体现和证明，因此，教学质量评价必须对学生的学习质量实施评价，突出对教学过程中学生的参与人数、参与时间、参与程度和学生职业能力提高程度的评价。

四是构建开放的教学质量监控体系。①评价主体多元化。高职院校已逐渐认识到社会、用人单位是人才培养质量的最终评价者，企业和社会对高职教学质量的评价受到前所未有的重视。因此，高职教学质量监控系统必须打破学校作为单一评价主体的评价模式，加大社会评价主体的评价范围和评价力度。在工学结合模式下，评价主体一般包括高职院校评价主体和企业、行业等社会评价主体。前者包括学校领导、教学督导、教师、学生等，后者包括企业技术专家、管理专家和行业专家等。②评价的范围由校内扩大到校外，从以课堂教学评价为主转向对人才培养方案、课程开发、教材建设、师资建设、教学组织与管理、课堂及实践教学（含毕业设计）等人才培养的各个环节实施评价。因此，针对不同的评价主体和教学环节，应设计出包含课堂教学、校内实践教学和顶岗实习等层次分明的教学质量评价指标体系。

值得强调的是，当前现行的教师评价政策主要通过论文、著作、科研项目的数量来评价教师的学术水平，作为职称评定的主要依据，评价的手段以量化评价为主。由于教师的职称直接与工资、住房补贴等现实利益挂钩，导致教师将主要精力投入论文、著作、科研项目当中，在较大程度上不但不能对教学质量起到推动作用，而且分散了教师从事教育教学活动的精力。因此，该项制度有待完善。

（二）高职院校学生评教系统的探索

依据系统科学理论，只有从不同的视角反馈教师在教学活动中的作用和成效，才能较为全面、客观地评判教师的教学活动质量。因此，引入多样化评价主体，建立起包括学生在内的多主体共同参与的教师教学质量评价体系，是工学结合人才培养模式下教师教学质量评价改革的重要探索和实践。

1. 学生评教的可行性分析

当前对学生评教的争论主要集中在两个方面。一是评价结果的有效程度（包括内容效度、结构效度、评价结果的有效关联度），具体表现为：学生和教师很少参与到学评教的评价量表制定过程中，学评教的评价量表主要由教学管理人员制定，因此在一定程度上难以满足学生和教师的需求，导致学生评教的诊断功能部分缺失；在学生评教过程中，有部分学生滥用评教权力，不能客观公正地对教师教学质量进行评价，个别学生可能对严格要求自己的教师进行报复，同时也存在因为学评教分数，导致师生关系紧张或教师故意迎合学生的情况。二是学生评教的适用性问题。由于课程特性（考试或考察，选修或必修等）、学生特征、教师特征等因素能够直接影响学评教的分数，因此将学评教结果的部分或全部作为教师教学质量评价结果，并为奖惩、职称评定等人事决策提供一定参考，一定程度上会给教师造成较大的心理压力，会对教师的教育教学工作造成消极的影响。

学生评教具有两面性，有利也有弊。我们既要看到学评教的问题，也要看到它的功能和作用。理论和实践证明学生评教是评价教师教学质量直接、重要且较为客观的一种评价方式。心理学研究表明，如果没有学生评教，就无法引发教师心理失衡，教师难以形成教学改进的内在动机。实践证明，与学校的管理者、教师同行、督导专家等评价主体相比，学生与教师相处的时间最多，关系最为密切。因此，在一定程度上，学生对教师教学情况最有发言权。

2. 学生评教问卷的主要内容

学生评教的特点是通过学生自身体验对教师教学质量进行评价，因此学生评教问卷的设计应简洁、符合学生的理解能力。一般来说，评价量表在结构上主要分为四个部分：职业道德、教学内容、教学方法与手段、教学效果。其中，职业道德部分包括教师着装，课上教师是否亲切自然、精神饱满，教师有无迟到、早退现象，教师是否在课上做与教学无关的事情；教学内容部分包括学生是否明确每次课的学习目标和任务，对教学内容的掌握情况，课堂上教师讲授的内容情况，教师是否注意及时引入新的知识和技能，教师是否注重职业综合技能的培养，教学重点是否突出，教学难点是否能理解，教师的案例、习题对学生学习是否有帮助，教师是否注重理论联系实际，课件、板书、教具对学习是否有帮助；教学方法与手段部分包括教师的讲课方式、教师课内外指导情况、教师的语言表达是否清晰易懂；教学效果部分包括课堂上学生是否愿意参与到教学互动活动中、课堂的学习气氛是否活跃以及学生定性描述对该教师教学的总体满意度。

3. 对学生评教的几点思考

一是必须重视学生评教的思想动员工作。为了获得更有效的评价结果，学评教前应做好学生的动员工作，使学生明确此项工作对自身、教师和学校方面的重要作用。

二是学生评教问卷的阐述上要有利于学生的直观判断。学生评教问卷中对教师教学态度、师生关系、教学效果、教学能力、教学方法等内容描述方面，应充分考虑学生的理解程度和思维方式，无论是问题的内容还是表述方式应该采用比较直观的方式，易于学生的理解和判断，使学生能够根据亲身体验顺利地进行评价。

三是创新学生评教的方法。在工学结合教学模式下，学生的学习组织形式比较分散，给学生评教的组织工作造成一定的困难。可以变换传统的以学期为时间段、以填写纸质质量表为主的评价方式，改为实施网上随时对任课教师的教学水平进行评价的评价方式，这样一来，能够提高信息收集的灵活性和快捷性，从而提高评价的组织工作效率、评价数据处理效率。

四是创新评价结果的统计方式。为使评教结果更客观、全面，在结果整理上，应进行必要的统计分析，从而避免将学生评教分数作为评价教师教学质量的唯一结果。可以计算出学生评教的全校平均分、各教学部门平均分、各职称教师平均分、公共基础课平均分、专业基础课平均分等，然后将每位教师在每门课程上的得分与之进行对照和分析，得出较为全面科学的学生评教结果。

五是扩大评教学生的范围。学评教的分数权重一般占到教师教学质量评价总分数的30%～40%，但高职院校参加评教的学生主要是大一、大二的学生，毕业年级学生在毕业前的最后一个学年由于在企业实习，往往不参加评教工作，导致评价主体的部分缺失，影响评教结果的全面性。因此，学生评教主体可考虑增加毕业年级和已毕业的学生，这样既扩大了评价主体的范围，使评价结果更科学、真实，又有利于学校和教师获得更多社会需求信息，增加教学的适应性。

五、高职院校教学质量监控

高职院校教学质量监控，是高职教学质量管理的重要组成部分，是教学管理组织机构按照高职教学规律和教学规程，通过定期收集有关教学输入环节、教学运行过程、教学输出环节和教学质量保障等方面的质量信息，发现存在的或潜在的质量问题，从而对影响教学质量的各个要素和教学过程的各个环节进行积极认真的规划、检查、评价、反馈、指导和调节的一种教学管理机制。

高职院校教学质量监控体系涉及高职院校教学质量监控系统和国家对高职院校的教学质量监控。其中，前者是提高高职院校教学质量的基础，后者是保证高职院校教学质量的必要条件。

（一）高职教学质量监控体系概述

伴随着高等教育的大众化进程，高职教育教学质量问题在世界范围内引起了高度关注。为适应社会发展和高职教育发展的要求，高职教育必须增强质量管理功能——质量管理不再仅仅是控制，其更深意义上是通过管理来改进和提高高职教学质量。随着高等教育大众化的发展，为了实现改进和提高高职教育质量的目的，教学质量监控功能被强化，教学质量监控系统在教学质量管理体系中的作用被凸显出来，并逐渐从教学质量管理体系中分离出来，发展成为独立的体系。

高职教学质量监控体系作为质量管理体系的一个组成部分，二者的目标都是保证和提高高职教育教学质量，主要区别在于管理范围的不同。高职教学质量管理是对教学质量形成、改进和提高的相关要素实施的管理，涵盖了教学过程的各主要方面和环节，它的功能是保证和提高高职教育的整体教育质量。高职教学质量监控主要是针对质量目标实施检查、监督、评价、控制。比较而言，教学质量监控的目标性更强、范围相对较小，处理问题的出发点、监控内容和管理策略方面都比教学质量管理更具体、更有针对性。

1. 高职院校教学质量监控体系现状

构建高职教学质量监控体系的目的是发现存在或潜在的质量问题，全面提高教学质量。当前我国部分高职院校的教学质量监控理念和策略落后，教学质量监控范围比较狭窄，其内容体系和运行机制主要是围绕高职人才培养工作水平评估展开的，监控的主要内容是教学工作相对于评估指标的达成情况，监控缺乏主动性，存在着为监控而监控的现象，难以满足高职教育对教学质量监控的要求，具体表现如下。

（1）教学质量监控体系缺乏内生性和主动性

由于政府长期对高职院校实行高度统一的管理和评价，一些高职院校缺乏质量意识和自我监控意识，构建教学质量监控体系在一定程度上是为了迎合国家评估工作的需要，缺乏先进的高职教育教学理论的指导，缺乏对高职教育规律的科学分析，没有建立起高职教学质量预警机制和高职院校质量监控的动力机制，导致高职院校教学质量监控工作处于被动状态，不能及时预测和处理教学活动中的问题。

（2）教学质量监控的制度体系有待完善

当前各高职院校基本上完成了教学质量监控的常规制度建设，但对实践教学尤其是校外实习、顶岗实习和毕业设计等环节没有建立起完善的、切实可行的监控制度。同时，虽然一些高职院校不同程度地把教师教学质量评价结果与奖励、职称评定挂钩，但是没有从根本上提高广大教师的教学积极性，没有有效发挥质量监控的激励功能。

（3）教学质量监控的运行体系有待健全

有的高职院校尚未建立起符合学校实际的科学合理的质量标准和评价体系，评价过程中存在着主观成分较重的情况，影响了评价的科学化、客观化，使评价无法发挥激励和导向功能。有的高职院校信息收集与反馈的运行机制不畅，造成实际监控过程中教学质量信息不真实、信息反馈不及时或不能落实，缺乏有效的解决措施。有的高职院校缺乏专职的教学质量监控部门，教学质量信息反馈依靠教学管理部门的自我反馈，导致教学决策者无法获得及时、客观和全面的质量监控，因此制约了教学质量监控体系的自我调节和自我完善功能，使教学质量监控在一定程度上流于形式。有的高职院校教学质量监控体系内的各职能部门质量监控责任分工不明确，尚未形成质量管理共同体，导致各个子系统（信息收集、反馈系统、教学质量评价系统等）没有形成有机的联系，这些都影响教学质量监控的效率和效果。

（4）高职教学质量监控的主体单一、监控范围狭窄

监控主体主要是高职院校本身，缺乏来自社会、行业企业的参与；监控内容主要以课堂听课和评课，期中、期末常规教学检查为主，缺乏对实践教学尤其是校外实践教学的过程监控和指导，缺乏对教师的实践能力方面的培养和指导，忽视对学生职业道德教育方面的监控。这些都影响了信息收集、反馈以及教学质量监控的全面性。

（5）教学质量监控手段有待提高

教学质量监控包含诸多复杂动态的要素，包括一系列质量信息，涉及教学过程的各个环节，因此需要采集大量数据，并进行及时的统计分析，但当前高职教学质量监控缺乏现代化的教学质量监控手段和技术支持，导致无法及时收集到需

要的信息，或及时对相关信息进行科学的分析、处理和反馈，导致质量监控体系无法建立改进机制。

综上所述，高职教学质量监控体系有待完善，各高职院校必须改革传统的高职教学质量监控体系，制定工学结合教学过程中各环节的质量标准、运行标准，加强制度建设，形成高职教学质量监控的长效机制，构建起适合工学结合人才培养模式的高职教学质量监控体系。

2. 工学结合对高职教学质量监控体系的要求

工学结合人才培养模式是以学生为主体，将学习和工作有机结合、校企共同育人的一种人才培养模式，是当前我国高职教育领域积极倡导和推进的高职教育人才培养模式。

工学结合使高职教学模式产生了根本性的变化。在工学结合模式下，教学组织形式由集体授课转向教、学、做一体化，教学地点由教室转向实训室、工作现场；同一班级的学生既可能同时在校内实训室，又可能一部分在校内一部分在校外实训基地，还可能分散在不同的校外实训基地；高职学生在企业顶岗实习的时间一般要达到半年或以上，学校要根据企业的需求确定实习时间，改变常规的固定的学习时间安排，这些都可能导致学生对在校学习过程和企业实习过程（对企业要求的纪律观念、质量观念、顾客观念、安全观念等）产生不适应的现象；同时，在工学结合模式下，"工"与"学"交替进行，专业教师既需要进行基于工作过程的课程开发与实施，又要协调好校企关系，负责学生的校外实习管理，与企业指导教师共同指导学生的生产性实践，这些都对教师的责任心、实践经验、业务能力和管理能力等提出了更高的要求。与此相对应，高职院校必须构建起适应工学结合需要的高职教学质量监控体系。

（1）充分体现现代高职教育思想

从质量管理学的角度来说，学校领导者的决策对教学质量监控体系的构建和实施起到决定性作用，因此学校的责任人要走在教学改革的前列，以现代高职教育质量观为指导，掌握和研究高职教学的规律，带头树立现代高职教育质量监控新理念：引导教师树立"以行动为导向"的教学观，强调在教学过程中通过行动学习，实现理实一体；引导教师树立"整体学习"的教育观，关注对学生的专业能力、方法能力和社会能力的培养；引导教师树立"基于工作过程"的课程观，使课程开发根植于企业和岗位的需求。

（2）将质量目标转化为各环节的质量标准

工学结合的质量目标是提高学生的综合职业能力，促进学生的全面发展，进而提高高职毕业生的就业质量。构建高职教学质量监控体系的关键是将专业人才培养目标转化为具体的质量标准（如专业质量标准、课程质量标准、课堂教学质量标准、实践教学质量标准、教学管理质量标准、毕业生质量标准等），从而在质量监控过程中，以质量标准为依据实施监控。

（3）建立专门的教学质量监控部门，落实质量监控责任

高职院校必须改变传统质量监控过程中，学校的职能部门教务处既负责教学管理又负责质量监控，这样的"自己监控自己"的管理现状，建立起专门的质量监控职能部门，负责全校的质量信息收集、评价、分析和反馈，切实落实质量监控体系的监控职能，提高高职教学质量监控的科学性、公正性和实效性。

（4）健全教学质量监控主体，扩大监控范围

工学结合模式下实施教学质量监控的关键是重视和加大社会主体的监控力度。在监控主体中应引入市场、社会和用人单位，建立起包括高职院校质量管理部门和监控技术专家以及企业管理与技术人员的专兼职结合的质量监控队伍，同时扩大监控的范围，加大对实践过程的监控。

（5）重视过程质量监控

传统的教学质量监控注重对教学过程的某个环节或某几个重要环节的监控，虽然对确保教学质量发挥了一定的作用，但由于忽视教学监控的过程性，极大影响了质量监控的效果。因此，高职教学质量监控应重视教学质量过程监控，通过加强质量监控文件体系的建设，建立教学过程质量监控的书面记录制度，使教学过程中的质量问题有据可查、有据必行，增强制度的执行力，提高教学质量监控效率。

（二）高职教学质量监控体系的构建

1. 高职教学质量监控体系的理论构建

系统科学源于19世纪50年代，由自然科学、社会科学、工程技术和思维科学相互渗透与交汇融合形成。它是人们认识事物、进行科学研究的重要方法论，也是现代管理理论产生的方法论基础。系统科学研究问题的基本思想如下：系统是普遍存在、动态发展的。系统由要素和环境构成，系统的性质主要取决于组成要素的结构和环境。基于系统科学研究问题就是把所要研究的对象作为一个系统，系统内包括不同的子系统。

系统科学的具体内容包括系统论、信息论、控制论。系统论的主要观点是系统的特性、功能是通过系统整体的运动表现出来的,研究系统时必须从整体出发,通过对要素、系统环境及其相互作用进行综合研究,揭示出系统的本质和规律,找到解决问题的最佳策略;信息论的主要观点是信息是由信息源发出的被使用者接受和理解的各种信号,具有可传递、可加工和可共享等特性,只有畅通系统内的信息循环,才能实现系统的"有机联系"和"良性互动";控制论的主要观点是控制主体通过科学评价、有效反馈等手段对获取的信息进行加工和使用,实施纠偏和激励,使被控客体按照控制主体的既定目标行动。

基于系统论的观点,高职教学质量监控体系由监控主体、监控客体和环境三大要素组成。

监控主体是指直接或间接地参与监控工作的个人、团体或组织。工学结合模式下高职教学质量监控体系的监控主体包括高职院校的教学指导委员会、专业建设指导委员会(吸收了行业企业相关专家)、督导室、教务处、学生处等职能部门、各教学部门、教研室、用人单位的管理人员、企业方面实践经验丰富的一线师傅、兼职教师、学生、学生家长等。

监控客体(目标团体)是指监控的目标指向(对象)。它包括了影响质量的全部因素,涉及教学质量输入、过程、输出各个环节。由于以要素为研究对象,研究起来很复杂和烦琐。应从整体性出发考虑监控的客体,从而突出高职教育质量监控重点、简化质量监控程序。

监控活动必须在一定的环境下进行。在工学结合人才培养模式下,环境对系统发挥着越来越大的作用和影响。以高职院校为界,环境分高职院校环境和高职院校的外部环境。前者主要包括高职院校的管理水平、学术氛围、校园文化、校内实训基地条件等,后者主要包括国家、政府对高职教育出台的制度、政策、法规、社会发展对高职教育质量和办学水平的要求、高职学生家庭所在地区的经济发展水平和人才需求情况以及企业及相关实习场所和校外实训基地情况等。

系统科学指导下的高职教学质量监控是一项系统工程,它以信息收集和反馈为前提、以相对封闭为基础、以有效的质量控制为核心,通过质量监控系统的各要素及子系统的高效互动,建立起检查—评价—反馈—改进的闭环式高职教学质量监控的长效机制。同时,在高职教学质量监控体系内,学生、教师和相关企业管理人员等既是监督主体又是监控客体,形成全员参与监控、全员接受监控的立体互动的监控机制。

2. 高职教学质量监控体系的构建原则

通过综合分析有关文献可知，关于构建教学质量监控体系的原则，有的高职院校采用的是 ISO 9000 质量管理体系或全面质量管理体系的思想，还有的是直接应用现代管理学的有关管理原则。各高职院校的办学方针、质量目标以及服务社会经济发展的定位不同，因此，高职教学质量监控体系的构建可以在满足高职教育发展规律和高职教育教学改革要求的基础上，综合衡量自身在国家教育系统和地方经济社会建设中的实际定位以及自身的办学定位、办学方针、办学条件、人才培养质量和社会声誉等因素来进行。构建的具体原则如下。

（1）整体性原则

随着人才培养模式改革的不断深入，高职教学质量监控的范围扩大到人才培养的全过程。高职教学质量监控体系的构建必须遵循整体性原则，从传统质量监控对教学的某个或某几个环节的质量监控转向对办学定位、专业人才培养目标、专业人才培养方案、专业建设、课程建设以及学生学习质量等人才培养的全过程的监控。监控的目的和要求不再是仅仅对一堂课的质量如何实施全面的监控，而是对这门课程从课程设置、课程内容、教学资源、教学方法到课程考核等方面实施全面的监控，评估这门课程的目标是否满足学生职业能力发展需要、教学内容和手段是否满足学生自主学习需要、考核是否真正考察了学生的能力等内容，从而对教学起到导向和推动作用。

（2）开放性原则

在工学结合人才培养模式下，市场、用人单位对人才结构与技能的需求是动态的，传统的高职质量监控在理念、运行机制等方面缺乏开放性，不能满足高职教学改革需要。构建高职教学质量监控体系不能闭门造车，必须建立在市场、社会和用人单位需求的基础上。高职教学质量监控既要收集来自企业、行业和社会的质量信息，又要在各个环节建立切实可行的监控机制；既要使行业、企业等更多的利益相关者加入监控主体当中，又要加强对行业、企业以及兼职教师等方面的监控力度。

（3）发展性原则

工学结合人才培养模式突出了教师在教学过程中的主导地位。一般来说，没有高素质的教师就培养不出综合能力强的学生，教师的发展是学生发展的基础。因此，高职教学质量监控应突出对教师参与教学改革与研究、教师教学设计能力、实践教学能力和实践指导能力等方面的监控，促进教师的发展，在此基础上重视对学生可持续发展能力的监控；通过重点收集学生社团建设、校园职业氛围、校园文化建设、毕业生质量跟踪和职业生涯质量跟踪等方面信息，做好有效的分析和反馈，加大学生学习效果可持续发展方面的监控力度。

值得明确的是，高职教育发展趋势是构建学历教育与终身教育、学历教育与非学历教育、普通教育与职业教育互通共融的教育体系，而要实现上述目的，必须加大质量监控的范围，获得更多的信息。如扩大毕业生质量跟踪范围（毕业时间由3年扩大到5年甚至5年以上），将毕业生就业岗位的发展情况与发展需求录入信息收集系统，重视对高职教师的社会服务意识与能力方面的监控，加大对高职教师岗前培训、职业技能（能力）鉴定、在职培训、成人教育等方面的监控。

3. 高职教学质量监控体系的系统构建

高职教学质量监控体系是在系统科学和现代质量管理理论的指导下，由具有检查、评价、控制等功能的子系统构建而成的监控体系。

（1）高职教学质量监控体系的系统构成

关于高职教学质量监控体系的系统构建，我国学者的研究成果颇丰，已经达成共识的是高职教学质量监控体系是一个具有监控功能的体系，它内部包含着若干具有不同功能的系统。

有学者提出高职教学质量监控体系由监控系统、评价系统、反馈系统、督导系统、决策系统五个子系统构成；有学者认为高职教学质量监控体系由三个子系统构成——教学管理系统、教学监督系统、教学咨询系统；有学者提出高职教学质量监控体系由目标系统、组织系统、方法系统、制度系统构成；有学者提出高职教学质量监控体系由组织系统、评价系统、制度系统、反馈系统构成；还有学者提出高职教学质量监控体系由组织系统、评价系统、制度系统、反馈系统、指挥系统、信息收集系统、评估分析系统、信息反馈系统组成。

综合上述观点，本书提出了高职教学质量监控体系的基本构成模式：指挥系统、信息循环系统、教学质量评价系统和保障系统。其中，教学质量监控的组织机构（如督导室）是质量监控体系的核心部门，它独立设置，具有一定的监控职能，负责质量监控体系的运行；信息循环系统、教学质量评价系统是质量监控体系的核心系统。教学质量监控体系通过上述要素和系统的相互联系、和谐运行，实现教学质量监控功能。

（2）三级教学质量监控系统

按质量监控的层级划分，高职教学质量监控的运行体系是由学校、教学部门、专业教研室构成的三级教学质量监控体系，各级监控主体和重点有所不同。

①校级教学质量监控系统。它具有管理与服务的职责，主要职责是指导和协调全校质量监控工作。校级教学质量监控系统有三个重要的组织部门——教学指导委员会、教务处、督导室。教学指导委员会是质量监控的决策部门，教务处是学校教学运行管理的职能机构，督导室是负责质量监控运行的职能部门。

在工学结合人才培养模式下，教务处的角色定位是学校教学工作的服务者和资源配置的统筹者，它以计划、执行等为运行机制，专门负责教学运行管理。教务处负责的教学质量监控工作的主要内容如下：一是全面贯彻学校人才培养目标要求，下达教学活动计划，落实教学工作的整体思路，建立规章制度；二是指导各教学部门与各专业制定人才培养方案与课程等环节的质量标准，制定和完善教学各环节指导性和规范性的教学文件；三是了解各教学部门的教学改革动态，学校品牌专业和示范专业及精品课建设等的建设情况；四是对于需要学校政策或经费配套的教学改革项目，递交教学工作委员会或院长办公会议审定；五是将教学过程中的一些信息和数据经处理后返回决策系统，使决策系统根据结果与计划的偏差程度调整计划。

督导室是高职教育为适应高职教学质量管理要求而建立的专职教学质量监控部门，在机构设置上独立于教务处，具有质量监控职能。在一些高职院校中，督导室是连接学校信息收集、反馈系统的枢纽，畅通了教学质量管理职能部门、学校决策层、各教学部门（教师）、学生间的信息循环。同时，督导室又是教学质量评价系统的核心，在信息收集的基础上，通过制定教学各环节的评价标准，对获得的信息进行加工、评价和处理，向决策层、教学管理部门、教学部门实施针对性反馈，促进决策层对影响教学质量的相关问题制定决策，促进教学管理部门出台规章制度、对原有不合理的制度进行修订，促进教学部门落实和执行改进措施。这些部门调整后的信息会由信息循环系统反馈到督导部门，督导部门进行再检查、再评价和再反馈，从而形成了检查—评价—反馈—改进的闭环式高职教学质量监控系统。

②二级教学质量监控系统。各教学部门是教学质量监控的二级主体，是教学质量生成的实体，负责统筹各自的资源配置。各教学部门监控的内容包括：协调各专业（教研室）的课程资源、师资力量，强化"双师结构"教学团队的建设与管理，合理布局各教学专项建设；保存各教学环节的文件、资料和文字记录等；负责收集教学督导组、各教研室、各学生班级和学生教学信息员等在各个教学环节中反馈的各种信息，并对其进行记录、分类、整理、归档，重大问题及时反馈

给教学部门的领导，对存在问题做出改进和处理意见，将结果反馈给相关部门和个人。

③三级教学质量监控系统。各专业教研室是基层的教学管理单位，是教学质量监控的三级主体。各专业教研室监控的具体内容包括：在工学结合人才培养模式下，监控基于工作过程导向的课程建设与实施的质量，以及教学研讨（教学计划和教学大纲的制定修订、教材选用等），相互听课、评课，教学观摩过程；检查学期授课计划的执行情况；进行教师自评和互评等信息反馈；期中、期末教学检查的分析总结；解决教学问题及跟踪落实；研究和总结考试命题的信度和效度评价等。另外，教师是具体的课程管理者与教学的指导者，因此负责对其所主讲或教授的课程以及学生进行管理与质量监控。

值得明确的是，在工学结合教学模式下，三级教学质量监控系统的监控都应引入社会、行业、企业、学生等参与性主体，确保形成多元主体的层级式教学质量监控运行体系。

4. 高职教学质量监控体系的运行机制

（1）制定各个教学环节的质量标准

质量标准是指为达到教学目的、水平和要求而制定的教学管理文件。质量标准体系包括专业建设、课程建设、课堂教学、实践教学、教材建设等各环节的质量标准。制定质量标准应以现代职教理论和现代职业教育质量观为指导，在内容、形式上符合学校定位、学生实际、专业人才培养目标、专业人才培养规格和工学结合人才培养模式的要求。制定质量标准的目的是为实施质量监控提供科学合理、操作性强的依据，保证教学质量监控系统的有序运行。

（2）建立负责质量监控运行的独立职能机构

独立的教学质量监控职能部门负责高职院校教学质量监控体系的运行，在教学质量监控体系中具有核心作用。要想保障高职教学质量监控体系的有序和高效运行，应当建立起独立的、专职的监控职能部门，并保证其在监控体系中的核心位置。高职教学督导部门正是高职教学质量监控体系的核心部门，通过对教学活动全过程进行的监督、指导、检查和评估等教学监控活动，发挥着监控功能、评价功能、信息反馈功能、激励功能、促进功能和参谋咨询功能，保证信息收集系统、评价系统等教学质量监控子系统的高效、有序运行。

（3）畅通教学质量信息循环系统

教学质量信息是指影响教学质量形成和教学质量持续提高的相关信息的总

和，是质量监控的基础。信息收集不及时，直接影响质量监控的决策和改进；信息反馈不及时，会使监控系统的控制失灵，严重影响监控功能的发挥。高职院校应加强统一管理，建立信息收集制度，建立起从校级职能部门（教务部门、督导部门、学生管理部门、招生就业部门等）到各个教学部门再到学生、教师、教材、设备等方面的教学质量信息库；在此基础上，建立畅通的信息反馈制度，对信息进行整理、分析、分类，进而形成及时高效的反馈机制，畅通质量信息循环系统。

（4）建立多元化的高职教学质量评价系统

建立高职教学质量评价系统是实施教学质量管理的主要环节和有效手段。通过专业评估、教学质量评价、课程评价以及学生学习质量评价等，能够发现教学过程中存在的问题，切实发挥评价的诊断、总结和导向功能。在工学结合的背景下，高职院校应建立起开放的多元化教学质量评价体系，满足社会、企业、学生多方的人才培养质量要求。高职院校教学质量标准的制定应以职业准入要求和企业岗位要求为指导，建立外部评价与内部评价相结合的多元化评价主体，建立"以就业为导向"的课堂教学、实践教学和顶岗实习评价指标系统，重视对学生职业素质的评价，从而对工学结合人才培养模式下的教学质量实施多角度、全方位和多层次的教学质量监控。

（5）加强过程监控，完善质量监控机制

高职院校应以督导为核心部门，通过教学检查、学生信息员、教学评价、毕业生质量跟踪等制度，按照计划—实施—检查—处理的质量管理模式以及计划—信息收集—分析—决策—实施的质量监控流程，对学生的校内学习和校外实习实施定期与不定期的监控，加强高职教学过程监控，使高职教学处于多层次、多渠道的闭环受控状态。

（三）高职教学督导模式

为提高教学管理水平、适应和满足国家高职高专院校人才培养工作水平评估的要求，20世纪90年代以来，我国高校借鉴了基础教育的教育督导制度，建立了具有教学质量监控职能的专职教学督导机构和教学督导制度。

高职教学督导制度是高职院校为了全面贯彻国家的教育方针，对教学活动全过程所进行的监督、指导、检查和评估等一系列督导活动的总称。教学督导的主要功能包括监控功能、评价功能、信息反馈功能、激励功能、促进功能和参谋咨询功能。

1. 工学结合对教学督导模式的要求

随着工学结合人才培养模式改革的不断深入，高职教学改革对传统的教学督导模式提出了新的要求。

一是督导观念由封闭监管转向开放民主。在传统的督导过程中，教学督导处于居高临下的管理地位，教师处于被监控和被评价的地位，主体性和能动性被忽视，丧失话语权。在突出学生主体和教师主导地位，以人为本的教学理念指导下，教学督导应当树立平等、民主的工作作风，从服务教学的角度进行督导工作，帮助教师发现教学中存在的问题，充分调动教师的积极性，使教师乐于接受教学督导建议，主动进行教学反思，提高教学水平；加强学生自主学习能力方面的督导，促进学生自主学习机制的形成；发现职能部门及后勤保障部门工作中存在的问题，促使管理者和工作人员不断改进和提高管理和服务的水平。同时，教学督导人员应当在工作过程中不断积累督导经验，提高自身的素质和水平。

二是教学督导模式的创新。督导主体多元化，随着学生的学习地点由校内扩大到校外，教学督导队伍中应当引入企业、行业的技术专家、管理人员和相关负责人等作为兼职督导员，实现校内外共督共管的督导机制；督导的范围由校内扩展到校外，将督导中心逐步由课堂教学督导延伸到校内实训和顶岗实习督导；督导对象由以督导专职教师为重点扩大到专兼职教师并重，加大对学生以及来自企业的技术骨干和兼职教师的督导力度。

2. 教学督导的组织机构定位

当前，我国高职院校的教学督导机构设置有三种模式：附属教务处模式、职能处室模式、相对独立的督导咨询模式。①第一种是附属教务处模式。在该模式下，督导组织缺乏独立性，督导工作只是教务处教学管理工作的延伸，由于是职能部门自己管自己，监控工作很难做到客观、公正，导致管理过程中出现了一些质量监控的盲区，因此该模式存在着较大的缺陷。②第二种是职能处室模式。在该模式下，督导部门在实际运行中往往无法发挥管理职能，出现了教学管理部门的"硬管理"与教学督导部门的"软监控"的尴尬局面。③第三种是相对独立的督导咨询模式。在该模式下，督导部门由校长（或主管教学的副院长）直接领导，是不受教学管理职能部门约束的非权力机构，直接给校领导献言献策。由于校领导只能对一些涉及全局性、政策性等非常突出的问题进行干预或宏观决策，督导部门作为一个纯咨询部门又不具有管理职能，因此大量日常监控过程中存在的问题仍然要等职能部门或教学部门去执行，其后果就是后续整改环节不能及时跟进，督导建议得不到落实，无法建立持续改进机制。

上述三种现行的教学督导组织机构定位都不是发挥督导功能的最佳定位。在工学结合人才培养模式下，各高职院校应该依据现代质量管理理论，对教学督导在教学质量监控体系中的地位和功能进行重新定位，设立独立的、具有监控职能的督导部门。一是使督导部门成为独立的、具有一定职能的教学质量监控机构，成为教学质量管理体系中联系信息、评价等系统的枢纽。二是在高职教学质量监控体系内形成质量监控的共同体，落实督导部门和其他职能部门的监控职责，使质量问题、合理建议等能得到具体协调、落实或整改。三是构建学校和教学部门组成的二级督导体系。通过学校督导部门的宏观管理和各教学部门督导部门的具体监控，有效分解质量目标，快速下达任务，畅通信息循环，实施科学有效的评价，提高督导工作的效率，实现质量监控体系的良性互动。

3. 督导工作的主要内容

督教、督学、督管是高职教学督导工作的三个主要方面。督导工作的开展主要以督教为切入点、以督学为重点、以督管为保证。

（1）督教

督教是对教师在课堂教学、实践教学、教研活动和教学改革等教学的各个主要环节进行的监督和指导，督导内容主要包括教学思想、教学态度、专业知识、教学能力、教学方法和教学效果等方面。督导的重点是帮助教师更新教学理念，探索以学生为主体的教学模式，改革教学方法。

在工学结合教学模式中，高职院校师资结构呈现多元化。来自企业的兼职教师比例大大增加，有的专业专兼职教师的比例达到了1∶1的情况。同时非师范院校毕业的年轻教师的数量也大大增加。这些兼职教师、青年教师肩负着重要的教学任务，尤其是来自企业一线的骨干，他们熟悉企业需求、实践操作技能强。但这些教师往往由于不了解高职教育发展规律和教学基本规范要求，教学基本功薄弱，缺乏教学经验，因此督教的重点是关注、培养年轻教师和兼职教师，提高他们的职业教育教学能力，推动高职院校"双师型"教师队伍建设。

（2）督管

督管是教学督导依据学校的人才培养目标对学校规章制度和教学文件（教学计划、教学大纲、各种教学管理规定等）以及教学管理全过程进行的督导，目的是有效监督学校教学活动的组织、执行和评价等情况，推动管理部门提高教学管理水平，保障专业人才培养目标的实现。在工学结合教学模式中，督管的重点是与工学结合相关的教育教学文件和教学管理文件的制定和执行情况。

在督管的过程中，应处理好督导部门和管理部门的关系，明确二者在工作上既有分工又有合作，虽然职能不同，但保证教学质量的目标是一致的。教学管理职能部门要经常向督导部门通报教学情况，配合督导部门开展好教学督导工作；督导部门也要及时向教学部门和职能部门反馈信息，积极主动配合其开展各项活动，为学校及其职能部门提供咨询。

（3）督学

督学是对学生学习全过程的督导。现阶段根据各高职院校督导的实际能力，督学主要是对学生的学习质量方面（主要包括学生的学习能力和学习效果）的督导。

现代教育的基本任务之一就是教会学生学习，高职教育的人才培养目标是培养具有自主学习能力和创新能力的高技能创新型人才。因此，督学的重点是在督教和督管的基础上，加强学生自主学习能力方面的督导，提高学生学习的积极性和主动性，促进学生的全面发展。

4. 基于工学结合的督导机制创新

教学督导通过经常性的检查、监督和评估等手段，对教学过程的各个环节进行监督和调控，充分发挥事前预防、过程监控、科学调控的督导功能，对学校教学质量起到重要的保障作用。一些高职院校的督导部门针对工学结合教学模式的教学目标、任务和主要环节，加大实践教学的督导力度，成立专门负责实践教学的督导小组，实行专人负责制，同时创新督导工作机制，探索并构建适合工学结合的多层次、全过程的教学督导模式。具体做法如下。

（1）以教学检查为切入点，加大校内外教学监督的力度

教学督导采取开学周集中检查、平时随机检查与定期检查相结合的方式，检查课前和课间的教学秩序、师生课前准备情况和授课情况，发现师生教风和学风中存在的问题，从总体上了解校内教学的运行和执行情况；加大对校外实习的督导力度，定期到实习企业巡视，从教学管理部门、岗位指导教师、企业相关负责人、学生四方面了解实习情况；定期深入教务处和各教学部门，通过重点检查校外实习过程的文件和材料，了解各专业是否制订规范完备的校外实习计划、任务书、指导书和成绩评定方案，以及学生实习报告的质量和成绩评定。

（2）以听课为突破点，深化教学督导层次

教学督导在宏观层面上对重点专业和相对薄弱的专业进行随机和跟踪听课，在微观层面上对具体专业的单个实训项目及相关的项目群进行贯穿式听课，以全面、客观地了解教师对项目教学法等先进教学方法的运用情况、对多媒体等先进教学手段的使用情况以及学生的学习效果等，第一时间积累素材，展开专题督导，引导教师积极探索适合工学结合模式的教学方法和手段。同时，教学督导深入教学一线听课，并以此为契机深入专业建设中，和专业教师共同探讨教学做一体化的教学模式的实施、职业活动导向课程开发和教学安排等全局性的问题，探讨问题的实质和解决问题的策略，为学校教学和管理决策层提供建议和决策的依据。

（3）建立适应工学结合模式需要的教学质量评价体系

在一些高职院校，教学督导部门与行业企业一线专家、实践教师代表组成专家组，借鉴优秀高职院校相关专业的经验，制定出操作性强、适应工学结合教学改革需要的教学质量评价指标体系（课堂教学、实践教学和顶岗实习评价体系）。其中，理实一体化课堂教学评价指标体系，实现了全面"评"教和重点评"学"的评价目的；校内实训评价指标体系，以教师为评价对象，通过增加对实践教学计划、实训指导书和成绩评定方案等教学文件的评价，实现了过程评价和结果评价相结合的评价方式，解决了传统实践教学评价体系主观成分较重，难以对实训过程形成客观、准确评价的问题，使实践教学的评价结果更为科学和客观；顶岗实习教学质量评价体系的构建填补了校外实习评价的空白，同时突出了对实习岗位与人才培养目标吻合度，校内外指导教师的责任心和组织、协调、管理能力，学生的自主学习能力、职业素养和综合职业能力提高的程度以及在实践中的参与程度等方面的评价，很大程度上解决了顶岗实习管理和评价中存在的问题。

（4）畅通信息收集与反馈系统，实施过程质量控制

质量控制是以信息收集与反馈为基础的。教学督导通过及时、全面地收集和反馈教学运行过程中的信息，为决策系统提出科学可行的措施和建议，达到监控教学质量的目的。

①注重信息反馈的开放化和社会化。教学督导通过阶段性地到校外实习基地检查学生校外实习情况，了解企业需求热点和行业的发展趋势，了解企业对学生技能标准的要求及对技能训练、实习安排等方面的建议；建立并实施毕业生质量跟踪制度，通过对毕业生及其所在企业相关负责人进行访谈和问卷调查，听取他们对相关专业实践教学课程设置、实训实习方面的意见和建议，获得毕业生和企

业对教学方面的评价；定期组织教师座谈会和学生座谈会，成立学生信息员队伍，及时了解信息。

②注重信息反馈形式的多样化。教学督导在工作过程中采取具有针对性和灵活性的反馈方式，注重即时反馈与程序式反馈相结合、口头反馈与书面反馈相结合、传统反馈与数字化反馈相结合。即根据问题性质的不同，教学督导在听课、检查结束后或当场同教师进行交流、探讨，初步提出改进的建议，或通过教学质量监控表将教学情况及相关建议及时反馈给系、分院，并要求教学管理部门一周后反馈改进措施，督导部门进行过程跟踪督导并适时验收。同时，督导部门充分利用校园网、督导网站、教学工作例会和学院办公会、专题会议等平台，将教学督导在教学一线掌握的信息和形成的专题报告，以督导文件（强调其权威性）、督导简报（反映全面性）、督导快讯（突出时效性）、督导建议（发挥引导性）等形式，及时向全体师生和有关职能部门进行反馈，加大对教学信息的反馈力度。

（5）整合督教与教师培训机制，保障教学质量持续改进

督教主要是教学督导通过听课、评课和座谈等措施对教师教学进行评价和诊断，帮助教师发现问题，提高教学水平。教师培训则是通过进修、培训、到企业顶岗等措施帮助和促进教师专业发展。二者的目的一致的，工作过程应该是相辅相成的。但由于二者主管部门不同（督教由督导部门负责，教师培训由人事部门负责）、主管部门职能不同，因此这两项工作长期割裂、缺乏协作，具体表现如下：教学督导对教师的指导主要建立在实时听课和检查的基础上，是针对一些具体问题进行的指导，因此随机性较强，无法形成深入系统的指导；而师资培训虽然能为教师提供深入、系统、有针对性的培训，但培训的目标、计划、项目等必须建立在充分了解学校整体师资教学水平和情况的基础上，人事部门往往对这些信息缺乏了解，二者割裂的后果是督导机构无法为教师提供深入培训信息支持，极大地影响了教学质量的持续改进，教师培训由于缺乏针对性而达不到预期效果。一些高职院校将督教与教师培训两项工作有效整合起来，修订教师培训制度，使督导参与到师资培养的工作中，有效整合教师培训资源，实现有针对性的、满足教师个性需求的系统化专业培训，提升了教师教学能力。

（6）强化教学督导的研究职能

教学督导部门肩负着为学校决策层提供意见和建议的任务，是学校的重要研究部门之一。在一些高职院校，教学督导部门深入教学改革当中，增强工作使命感和责任感，突出研究职能在督导工作中的地位，通过有目的地开展高职教育教学及教学质量管理的研究工作，提高教学督导自身素质、保证督导工作质量，并

将研究成果及时应用到督导实践当中，为教学质量的稳步提升提供了强有力的理论指导。

（四）高职教学质量信息循环系统

1. 教学质量信息循环系统的内涵

质量信息循环系统是指高职院校在质量监控过程中收集、处理、反馈质量信息的各种渠道的总和。其中信息收集系统是重要的子系统之一。信息收集系统包括高职院校信息收集系统和来自社会的信息收集系统。信息收集的主体包括学生信息员、教师、教学管理干部、教学督导及用人单位等。信息收集系统的核心是通过建立健全相关信息管理制度，获得及时全面的信息。根据各高职院校职能部门的分工不同，质量信息循环系统的核心部门有的是督导室、有的是教务处。

2. 教学质量信息循环系统的运行机制

（1）信息收集系统

①学生信息员制度。督导部门每学年每班聘任一名学生信息员，每个教学部门设有一名分负责信息员，学校设有两名总负责信息员。学生信息员队伍负责收集学生对学校教育、教学等方面的意见和建议，根据信息的重要程度，以学生信息反馈表的形式定期和不定期地反馈到督导部门，督导部门经过进一步核实并填写督导建议后，反馈到相关部门。

②毕业生质量跟踪制度和企业调研制度。督导部门通过定期对不同阶段的毕业生、实习学生及其所在企业的具体负责人进行访谈和问卷调查，听取他们对专业课程设置、校外实习、人才培养质量等方面的建议，获取企业用人单位对课程建设、专业人才培养方案等方面的信息。在此基础上，督导部门定期形成调研报告，向决策部门汇报。

③座谈会制度。各教学部门每学期期中召开学生座谈会和教师座谈会，参加者为不同层面的学生代表、全体专兼职教师、教务部门和督导部门的相关人员、系主任、辅导员。学校每学期由相关部门组织，召开管理人员和工勤人员座谈会。

④听评课制度和督导研讨会制度。教学督导通过听课以及课后及时与任课教师交流沟通，及时掌握教学一线的情况；通过每月一次的督导研讨会，督导部门对各项工作信息进行汇总，对有倾向性的问题进行专项研讨，提出可行性的建议或解决问题的办法。

⑤阶段性教学检查制度。在学期初督导部门与教务部门主要检查全校各教学

部门的教学准备情况，如教学条件是否完备、教学计划的科学性和可操作性、教案质量等。其中，基于工作过程的课程开发的教案和任务工单的质量是督导检查的重点（资讯内容的科学性、与教学内容的吻合程度等）。期中检查主要是通过检查教学文件，了解教学工作的总体运行情况，如教学进度、教学计划的执行情况、阶段性考核情况、学生作业批改质量、学生的学风以及实践教学方面的情况。其中，实施课程考核改革的课程、精品课建设情况和实践教学等是检查的重点。期末教学检查的内容包括考场巡视、了解试卷批改情况、毕业设计的文字材料等。

⑥精品课验收制度。在由教务部门管理精品课建设的基础上，督导部门参与精品课的检查和验收工作：参加学校召开的精品课建设会议，了解其建设情况、审核上报材料的真实性和准确性；教学督导作为学院学术委员会成员，按照学院精品课评审指标对精品课的建设情况进行文字材料审查和现场评估；参与完成精品课评估结论报告的材料汇总、整理、审核和撰写工作。

⑦评教、评学制度。评教制度包括督导评教、学生评教、同行评教和领导评教。督导部门统一安排全校学生评教和教师评学工作，各教学部门的教学秘书负责组织工作，各专业辅导员协助工作。学生评教的对象是专兼职授课教师，评价内容包括教学的各个环节（课堂教学、实训、实习、毕业设计等）；学生评教主要以网上评教为主、以召开学生座谈会、各班（各专业）学生信息员收集信息上报的方式为辅；督导、同行、领导评教主要采用听课的方式进行。教师评学制度以教师评学为主，辅以专家评学。教师采用网上评价的方式，对授课班级的学生学习情况进行整体评价，通过定量评价和定性评价相结合的形式确定评价结果。督导部门负责学生评教、教师评学、督导评教、同行评教、领导评教数据的统计、分析和反馈。另外，专家评学主要是指最后一个学期，各教学部门组织毕业班学生进行职业技能展示和才艺表演等，聘请行业、企业专家进行现场考核和评价，从而获得学生的综合职业能力方面的评价，并为学生就业搭建平台。

（2）信息反馈系统

①利用网络环境。有效的反馈是实施监控的基础和途径。督导部门通过督导网、网上留言板等网络环境使信息反馈的时间更灵活、反馈的范围更大、影响力更持久。网络平台为教学督导了解教师在教学过程中存在的困惑、学生对教学方面的需求和企业对人才方面的需求提供了便利，加强了各部门与人员之间的信息沟通，为决策支持和信息反馈打下了良好基础。

②反馈形式多样化。督导中发现的问题会采用多种形式进行反馈。对宏观层面的问题，通过院领导办公会、学院系主任教学工作例会等形式进行上传下达；

对微观层面的具体问题，采用个别交流、督导信息反馈单等形式反馈；对需要实施跟踪督导的问题，首先通过信息反馈单的形式反馈到相关教学单位，提出改进建议，并组织督导员跟踪督导和适时督导验收。

第六节　教学管理制度

现代教学管理不能光靠经验来管理，必须根据教学规律和管理制度进行。教学过程是一个完整的流程，教学管理对教学过程中的任何环节都不能忽视，也就是说，凡是教学活动都要进行管理。教学管理与教学活动是密切联系在一起的，二者相伴发生。教学活动成效依靠教学管理的力度，教学管理的成效又依赖于管理制度的执行。

一、高职院校制定教学管理制度的必要性

教学管理是对教学过程的管理。教学过程管理的流程，本质就是使教学工作的各个环节有机衔接、配合、协调，提高教学质量。提高教学质量是教学管理的终极目的和最高目标。为教学管理工作制定符合学校实际情况的阶段性管理目标并加以实施，有利于提高教学管理的效率和本身的质量，也有利于保证教学管理总目标的实现。因此，实现教学管理总目标，必须制定教学管理制度。制定教学管理制度的必要性主要表现在以下几个方面。

（一）有助于建立正常的教学工作秩序

学校教学工作是一个多因素、多层次、多系列、多结构的复杂综合体。要高效、高质量地完成教学任务、实现教学目标，就必须建立一整套教学管理制度，使教学工作有规可循、有矩可蹈。只有如此，才能建立稳定的教学秩序，保证教学工作正常运行，使教学工作成绩显著。

（二）有助于调动师生的积极性、主动性

一所学校要建立符合教育工作规律、符合现代管理原理的教学管理制度，使每一个师生都知道应该做什么、不应该做什么，应该怎样做、不应该怎样做，以及自己的主要职责是什么，这样就可以明确责任，调动教师和学生教与学的积极性、主动性和创造性，把教学工作最优化地组织起来。

（三）有助于实现教学管理的科学化、规范化

制定教学管理制度意味着对学校教学工作的全过程予以规范，使教学管理适应高职教育人才培养模式的基本规律。高职院校应通过不断研究和完善教学管理制度，指导和改进教学管理工作，提高教学管理水平，建立充满生机与活力的教学运行机制，形成教学特色，提高教学质量。

二、高职院校制定管理制度遵循的原则

规章制度的建设是高职院校管理的一个组成部分，师生员工都必须遵守，由学校行政约束力来保证其实施。规章制度规定了学校事务参与者的权利、义务以及违反规章应给予的处罚，以达到维护学校正常秩序的目的。高职院校规章制度制定要遵循以下一些原则。

（一）权威性原则

一是要有合法的依据，即必须以国家的有关法规特别是国家教育基本法规中的有关精神、原则和要求为依据，不得与它们相抵触；二是要有合理的程序，应区分各种不同的规章制度，并根据学校中权限的划分，确立适当的制定者、批准者和颁布者。

（二）科学性原则

高职院校规章制度的制定，必须遵循高等学校办学活动和管理活动的客观规律，遵从管理科学和教育科学的基本原理。例如，教学管理方面的规章制度要符合学生身心发展的规律，教师管理方面的规章制度要充分考虑教师的教学科研劳动的特点。

（三）可行性原则

高职院校应坚持实事求是的原则，从客观实际出发，确保制定出的规章制度切实可行、行之有效，切忌生搬硬套、脱离实际和形式主义。

（四）民主性原则

管理法规虽然是依靠一定的管理权力强制实行的，但最有效的法规只能是得到大家真心诚意拥护的法规，因此任何学校规章制度的修订都应力求得到广大师生员工的理解、参与和支持。高职院校在规章制度的制定过程中，要注意广泛听

取师生员工的意见；对制定好的规章制度，除公布于众外，还应注意做好必要的宣传，以促使规章制度中对师生员工的要求能成为大家的自觉行为。

（五）严肃性原则

制定规章制度要慎重认真，切忌草率从事。制度一经公布，就应严格执行，有章必依，违章必纠。同时，必须正确处理好规章制度的连续性、稳定性和适时性、变通性之间的关系：不能墨守成规，对经过实践检验不宜采用或不能适应现实形势的规章制度，应根据实际情况的变化及时修改或更新；不能朝令夕改，要注意保持学校规章制度一定的稳定性和连续性，颁布的规章制度应有一定的时效，凡仍然有效的规章制度不能轻易或随意废弃；订立新的规章制度和更改原有规章制度时要注意吸取和保留原有规章制度中合理的成分。

（六）准确性原则

规章制度的内容要具体明确，切忌抽象含糊，条文要简明扼要，切忌繁杂冗赘；遣词用语上要力求准确无误，把握好分寸，无歧义，避免模棱两可和任何可能的偏差；逻辑上要严密、统一，尽可能无懈可击，绝不能自相矛盾。

要提高教学管理的效率和质量，建立健全一整套科学的、行之有效的教学管理制度是关键性的基础工作。俗话说："不以规矩，不能成方圆。"教学管理制度就是一种教学规矩，就是指学校教学管理过程中制定的教学行为规范和准则。只有严格执行教学管理制度，才能使教学工作标准化、制度化、程序化，同时也有利于增强管理者科学管理和依法管理的意识。

三、高职院校教学管理制度的主要内容

教学管理制度主要包括教学计划管理、教学运行管理、理论教学管理、实践教学管理、师资队伍管理和学业成绩管理等内容。

①教学计划及运行管理制度，主要包括教学计划、课程教学基本要求、学期进程计划、校历、课程表、教材、教学督导与检查、教学评价、教学档案等管理制度。

②理论教学管理制度，主要包括学期授课计划、备课、上课、辅导及作业批改、停课、调课、代课、考试等管理制度。

③实践教学管理制度，主要包括实验、实训、职业实践、毕业设计、答辩等管理制度。

④师资队伍管理制度，主要包括教师进修、"双师型"教师培养、教师业务档案等管理制度。

⑤学业成绩管理制度，主要包括理论教学考核、实践教学考核、学籍管理等管理制度。

四、高职院校教学管理规章制度的实施与监督

（一）高职院校教学管理规章制度的实施

高职院校教学管理制度在实施时必须加强宣传。学校制定颁布的每一项教学管理规章制度必须通过各种形式广为宣传，必要时可组织专题学习，使教学管理规章制度为师生员工所知晓。执行教学管理规章制度是指学校机关及其公职人员在规定的职权范围内，依照规章制度实行有效管理。这首先要求学校在制定颁布教学管理规章制度时必须明确执行部门，同时执行部门必须坚持实事求是、规章面前人人平等的原则，对各种违反教学管理规章制度的事件予以认真处理。否则，即使学校教学管理规章制度相当健全，也不可能实现真正的规范化管理。

（二）高职院校教学管理规章制度的监督

高职院校主要通过监察部门和其他有关职能部门对教学管理规章制度的实施进行监督，褒扬模范遵守者，批评执行不力者，惩处严重违反者，以保证规章制度的贯彻落实。师生员工是教学管理规章制度监督的主体，他们可以以个人名义进行监督，也可以通过职代会、学代会或其他群众团体对教学管理规章制度的实施进行监督。

第七章 高职教师教学能力的考核与评价

第一节 高职教师教学能力考核与评价中存在的问题

建立和实现高职教师教学能力考核与评价制度，有利于发挥评价的诊断、导向、激励、引导等功能，有利于检验教学效果、诊断教学问题、提供反馈信息、调控教学进程、增强进取精神、提高教学质量、促进教师教学能力提升，并为教师队伍建设与管理提供支持。

目前，我国一些高职院校对教师教学能力水平状况不太重视，对教师教学能力考核评价问题极其忽视，教学评价考核存在着走过场、重形式的现象。具体来说，高职院校在实施教学评价过程中存在着以下一些问题。

一、考核与评价以奖惩为目的

评价目的是实施教学能力评价活动的基础，在开展教学能力评价活动之前必须明确评价目的。教学能力评价目的有奖惩性和发展性两种。奖惩性评价常常将教师教学能力评价异化为检查教学质量的主要手段，评价结果常常变成教师降级、解聘、晋级、加薪的依据。发展性评价则是根据教师教学能力评价的结果分析每个教师教学的优点和不足，并为其制订教学改进计划，以促进其教学能力的发展。两种评价目的各有特点：奖惩性评价面向过去，评价中教师处于被动地位；发展性评价面向未来，既关注评价前教师教学工作表现，也关注教师未来教学发展，这有利于促进教师、学校、学生的共同发展。

目前，高职教师教学能力考核评价仍以奖惩性为主。这种以奖惩性为主的教学能力评价模式以管理为取向，只是履行一种常规管理形式，只注重量化考核结果，教师只能得到一个评价分数，并不知晓自己教学中的问题症结和成因。奖惩性评价容易忽视教学动态的过程评价，忽视学生学情和教师自身发展潜能，制约教师教学与专业发展。这种奖惩性评价是学历主义和精英主义的产物，是一种为评价而评价的形式主义表现，经常给教师造成较大精神压力，导致教师对教学能力评价产生抵触情绪。

只有运用发展性评价理念将奖惩性教学能力评价与教师个人成长与发展结合起来，才能使教师普遍愿意接受评价结论并积极反思，不断促进自身发展，才能更好地调动教师教学的积极性，促进教师不断改进教学、提高教学质量，促进教师、学校、学生的共同发展。

二、考核与评价过程存在着偏差

高职教师教学能力评价主要通过教学活动体现出来，教师教学活动中的表现是教学能力评价的主要内容。目前，教师教学能力评价存在着评价内容和方法有失偏颇的现象，评价的全面性、针对性和客观性不足，难以实现对教师教学能力的准确评价。

（一）评价内容存在着偏差

一些高职院校在考核评价中未能真正突出教学能力主要因素，常常用教师职业水平、教学素质等教师整体水平标准代替教学能力评价标准，或是用教师发展的一般性考核标准代替教师教学能力考核标准，甚至是用其他教育类型的考核评价标准代替高职教师教学能力考核评价标准。

高职教师教学能力直接影响教学质量，教学质量是评价教学能力的关键因素。然而，一些现实中的教学能力评价远离了教师教学活动，越来越指向教学之外的科研和社会服务。评价重科研成果而轻教学效果，重服务实利而轻教学事务，导致部分教师将主要精力投入做课题、申经费、发论文等方面，教学工作便放在了次要位置，甚至教学被一部分教师当成了副业或第二职业。另外，在一些高职院校，即使是对课堂教学及质量效果进行评价，也仅限于学生的"考试成绩"，从学生考试成绩来推断教师教学效果及能力的水平状况，甚至用单一课堂教学效果评价代替教学能力整体水平评价，而不管教学的过程、行为、方法及教师对教学的情感、态度和价值观，或者对教师职业能力、实践能力、创新开发能力的考核存在不足，难以实现对教师教学能力的准确评价。这些评价方法以偏概全，掩盖了教师教学能力的真实水平状况，不能真正显现教师教学能力的实际水平。

（二）评价方法存在着偏差

在一些高职院校，高职教师教学评价方法依然采用传统的教学管理人员评分、督导员听课评分等评价方式。在这样的评价方式中，评者者的情商、性格、处理问题方式差异以及选择听课时机和内容的不同等都会影响评价的结果。实际上，仅仅凭一次或几次听课记录，凭几个人的随意打分结果等片面材料，是不能全面了解某个教师的教学质量和教学活动状况的，因而评价缺乏科学合理性。

三、考核与评价缺乏多元主体共同参与

开展教学能力评价必须确定真实有效的评价主体，在一些高职院校，高职教师教学评价主体主要来自教学管理者。由于评价主体结构单一，专业知识不全面，其评价结果就不够客观、科学，以至于被评价者不愿意接受评价所反馈的信息，不利于教学能力的提高。

（一）缺乏教师主体参与

当前，在一些高职院校，高职教师教学能力考核与评价的主体是教务部门、教学督导部门、二级学院（系）领导等管理者，学生有时也会参与教师教学效果的评价，但高职教师同行和教师本人并不参与考核与评价过程，因而缺少高职教师自我评价以及同行间的互评。这样的评价方式只是带来一个评价的结果，缺少针对性的改进教学的建议，忽视了高职教师教学发展的过程。

（二）缺乏行业企业参与

随着校企合作人才培养模式的改革与发展，教学活动的主体发生了很大变化，校内外实习实训基地已成为高职教学活动的重要场所。在一些高职院校，作为校企合作主体的行业企业未能参与对教师实践教学能力和工学结合能力的评价，这对于高职教师职业教学能力发展是极其不利的。

（三）缺乏社会评价机构参与

在我国教师评价主体中，缺乏独立的非官方评价机构，政府对完善非官方考核评价的意识也显得相对薄弱。这不仅造成了不同学校考核评价标准的千差万别，还因为高职院校"既是运动员又是裁判员"的双重身份使得评价的严肃性、科学性得不到有效保障。因而，在一些高职院校，自我评价方式只是一种过程与形式，缺乏真实性，评价的效果与作用便可想而知了。

四、考核与评价标准过于绝对化

教师教学能力考核与评价指标设定要科学、合理、明晰，考核与评价标准要定性与定量相结合。目前，高职教师教学能力考核与评价的某些指标模糊化、笼统化，有些又过于绝对化。

（一）考核与评价标准过于柔性化

一些高职院校把"关心和支持教研工作""尊重学生，热爱学生""教学效果好""教学方法得当"等过分柔性的评价要求作为教师教学能力考核评价的主要标准，而这些标准显得抽象、笼统和宽泛，具有一定的弹性，无法作为教师教学能力评价的直接依据。

（二）考核与评价标准过于数字化

一些高职院校把教师教学任务完成量、教研成果的多少（包括教研项目的多少、发表论文数量的多少）等过于数字化的结果作为教师教学能力评价的主要标准。这种量化的考核评价制度必然会导致多数教师疲于完成教学工作量、忙于撰写论文和申请科研项目，自身专业教学水平很难得到明显的提升。这种量化的考核评价还使部分青年教师在考核评价中处于弱势地位，这是因为青年教师入职时间不长，教学任务偏重，没有相对稳定的科研方向，很难申请到国家级、省级课题，因而这种过于量化和绝对化的教师教学能力考核标准往往使青年教师急功近利，甚至出现重科研、轻教学现象，不利于他们专业的长期发展。

（三）考核与评价标准过于"双师"化

高职教育作为一种特殊类型，对教师的要求有别于普通高校教师，要求教师必须具备"双师"素质，职业性、技术性、实践性是高职教师教学能力的主要特点。"双师"素质要求意味着教师要同时成为教学专家和行业专家，这对于新教师来说是一个高标准，这种标准需要经过较长时间的教学实践才能达到。因此，对教师在成长过程中的目标设定要有阶段性和现实性，要照顾到处于不同阶段的教师的教学能力发展特点，要能区分不同类型和不同层次的教师教学能力发展要求，不应千篇一律。

五、考核与评价方法缺乏发展创新

教学能力评价要做到公平、客观、可信，就必须采用科学的评价方法和手段。

如果教学管理者做出评价结果的依据仅仅是一次或几次的听课记录、几篇论文等片面的材料,并没有充足精力和便利条件去全面了解某个教师教学、教学活动的状况,那么所做出的评价结果常常是片面的。各高职院校应根据自身情况探索创新科学合理的教师教学能力评价方式。

第二节 高职教师教学能力考核与评价的意义

英国的惠蒂与纳斯塔教授在 2006 年变革中的国际教师教育及其发展趋势——国际教师教育研讨会中指出:"教师专业标准的出台有助于明晰教师应具备的知识和能力,能对于理解'什么是更有效的教学'提供一种有力的机制,为教师持续专业学习与发展提供有价值的参考。"美国全国教师教育认证委员会、美国全国教学专业标准委员会及美国优质教师证书委员会三个机构制定了教师认证和评价标准,对促进教师职业的专业化水平和提高教师培养培训机构的质量起到了很大的促进作用。

教学能力考核与评价是对教师开展教学活动本领进行价值判断的过程。合理、有效的教师教学能力考核评价标准,不仅可以激发教师对教育工作的积极性、对教学科研及创新的热情,而且能对教师教学知识和能力发展提供指导,促进教师努力改进教学方法,促进教师教学能力科学发展。

一、有利于提高教学质量

高职教师已成为培养技术技能型人才的主导力量。对高职教师教学能力进行考核评价,一方面有利于深化教学内容、教学方法和教学手段的改革,另一方面能判断教学效果、诊断教学问题,了解教师在教学过程中的行为状况,评估或发现教师在教学工作中存在哪些问题、教师职业道德是否良好、工作方法与工作思路是否正确、教学目标和教学设计是否合理、教学方法与手段运用是否得当、课堂教学是否促进学生健康成长等事项,从而要求教师调整教学策略,找出教学能力的缺陷,有针对性地解决教学中可能出现的能力问题。实际上,教学质量与教师的教学能力密不可分。教师的教学能力如何,学生是否掌握了基本理论知识和职业技能,教学目标、教学任务是否实现,都必须通过教师教学质量效果加以考核验证。提高教学质量,正是考核评价教学能力所追求的目的。

二、有利于提高教师教学能力

一般情况下，优秀的评价能够激发教师的工作热情，提高其工作积极性，进而提高教学效果；否定的评价往往会使教师认识到自身的不足，看到差距及其症结之所在，以便在今后的教学工作中加以完善。

对高职教师教学能力进行考核评价，有利于使教师对自己的教学能力状况有清晰的认识，全面了解自身能力的不足，看到自己与教学目标及他人的差距，从而确定能力发展的起点；有利于教师对教学思路、教学目标进行调整，对教学方法和手段进行改革与创新，对教学内容和教学环境进行整合与改善；有利于增强教师的竞争意识和危机感，有利于教师增强进取精神并开启自觉态度；有利于教师树立起良好的教育观，不断加强现代教育理论的学习，加强科学研究，强化实践教学能力，促进自身的职业发展；有利于学校组织加强教学管理，并针对教师个体能力差异采取有针对性的措施促进教师素质与能力的提高。

三、有利于促进教师队伍的建设与管理

在高职院校建设过程中，如何打造高水平的教师队伍、如何提高教师队伍的管理水平等成为高职教育发展的重点问题，也是难点问题。要解决这些问题，首先要建设科学合理的教师教学能力考核评价标准和考核评价模式，对高职教师进行公开、科学、高效的评价，以促进教师自身教学行为的调整，提高教师自觉提升教学能力的积极性。其次在实施岗位聘用管理过程中，可将教师教学能力评价标准作为挑选教师的基本要求和重要依据，严格教师岗位的准入和聘用制度。最后，可将教师教学能力考核评价与教师聘用、薪资报酬、职称晋升直接挂钩，便于教师队伍的建设与管理。

第三节 高职教师教学能力考核与评价的原则与要求

高职教师教学能力考核与评价应紧紧围绕高职教育教学目标，根据高职教育教学规律和教学要求，结合高职教学特点进行。各高职院校对教师教学能力考核评价虽然方式不一，考核指标也不尽相同，但一般都是基于教师教学岗位考核评价模式进行的。这种模式以教学岗位聘用需求为依据，检查和评价受聘人员在教学工作中所表现出的品德、知识、能力、业绩等要素。

一、高职教师教学能力考核与评价的原则

（一）系统性、科学性、区别性和激励性相结合的原则

系统性原则反映了教学能力考核与评价的全面性，科学性原则反映了教学能力考核与评价的客观性，区别性原则反映了教学能力考核与评价的针对性，激励性原则反映了教学能力考核与评价的目的性。

1. 系统性原则

考核与评价体系构建要遵循系统性原则。根据系统论思想，评价体系要考虑到评价项目的全面性及其权重的合理性，要尽可能完整、系统地反映教师教学、教研和教学社会服务效果的能力，防止以偏概全。

2. 科学性原则

考核评价过程中要尊重教育教学规律，做到真实、准确、合理和客观。首先，考核评价指标制定时要求评价者与评价对象及时沟通，平等协商，获得评价对象充分认可并注重听取评价对象对评价指标设定的态度与看法。其次，各级指标的设计要有准确、科学的含义和相对独立的内容，要符合高职教师教学教研能力范畴，能科学、公平、公正、客观、真实地反映评估对象的本质属性、总体面貌和基本水平，具有可行性和有效性，易于评价者把握和操作。最后，对不同评价主体采用相同或相似的评价指标会影响评价主体参与评价的积极性和评价结果的准确性，不利于激发不同主体的评价热情，也不能对各主体的评价权利进行制约和制衡。因此，考核评价要考虑到各评价主体不同的利益视角和要求，突出考核重点。如教师自我评价要突出自身亮点，专业评价要侧重教学的规范性，同行评价要着眼于缺陷和不足，领导评价要关注教学态度，学生评价要侧重对教师的接纳程度，特别是对高层次教师教学能力的考核，更应追求其质量，而非数量。

3. 区别性原则

考核评价要考虑到不同层次和不同发展时期下，对教师教学能力的不同要求。在高职教师职业生涯发展的不同时期，对其教学能力的要求存在着差异。对于处于不同成长阶段的教师，由于其个性特点、个人需求、受教育背景、教学风格、教学水平各不相同，因此不能用同一标准评价所有教师。高职院校要结合教师的个体差异和需求，设计科学合理的评价标准。具体来说，要区分不同发展层次、不同发展阶段的教师对教学能力发展的实际需求，科学确定各层次教师教学

能力的"最近发展区",以便于教师通过自身的努力克服困难实现发展区目标,也便于组织差别对待,分类指导。特别是在实施岗位聘用制后,教师岗位划分更细,考核评价目标应明确各类岗位之间的差异,对教师各层级之间的能力条件和要求要有所区别,考核周期、考核内容、考核方式也应区别对待。

4. 激励性原则

考核评价要遵循尊重、理解、激励、共进的指导策略,以教师教学能力评价为核心,以提高教学质量为根本,强调发展性而非奖惩性,强调形成性而非终结性,强调交互式而非单向式,努力突出教师的主体地位,在充分肯定教师教学成绩和总结经验的同时,与教师一起分析存在的问题。只有这样才有利于调动教师工作的积极性,有利于促进教学改革,有利于开发教师的创造力,有利于教师素质和教师教学能力的提高。

(二)多元化、区别化、层次化和全面化相结合的原则

多元化原则反映了教学能力考核与评价主体的全面性,区别化原则反映了教学能力考核与评价主体的差异性,层次化原则反映了教学能力考核与评价组织的等级性,全面化原则反映了教学能力考核与评价内容的多样性。

1. 评价主体多元化原则

发展性教学能力评价强调主体的多元性、权威性和代表性,让多方面人员参与教学评价,多种评价主体相结合,并把评价各要素融入教学过程,建立和谐开放的评价氛围。这既有利于所有评价主体的积极参与,又有利于提高各评价主体的评价意识和能力。

关于多元评价主体的设定,应当依据以下三项原则来确定:一是利益相关性;二是专业性;三是可操作性。根据与评价工作利益相关程度的不同,教师教学能力评价既应包括校内评价主体——学校领导、教学督导组、教师同行、教师自身以及学生,也要包括校外评价主体——行业专家、校企结合企业、社会评价机构等。这里要特别强调学生评价,因为学生是最有评价权的发言人,确保学生的评价权,是教师评价考核客观公正的保障。

2. 评价主体区别化原则

由于评价主体的评价视角、利益视角、评价重点、价值取向、评价能力等各不相同,评价结果的可信程度就有所不同,对总的评价结果的影响也会不同。高职院校要分清评价主体的主次,区别对待,确定好各评价指标的最主要评价主体,

以实现评价的准确科学，提高评价效果。如课堂教学效果应以学生评价为主，教学基本能力应以专家、同行为主，教学社会结合与服务应以校企结合企业为主等。同时，为准确反映各评价主体对总评价结果的影响程度，还要确定不同主体的评价结果在总结果中的权重。有研究认为，按利益相关者理论，从利益相关程度的角度来说，校办评价主体按权重大小排序为教学督导评价、学生评价、领导评价、同行评价和自我评价。

另外，不同评价主体可采用不同的评价方式。教师自我评价可采用教学反思、教学日志、工作总结等形式，学生评教可采用调查、问卷、访谈等方式，领导评价、专家评价和同行评价可采用课堂观摩、操作测试、评课等方式，其中，问卷、访谈内容由相关专家讨论设计。评价过程中要不断收集和反思不同主体的评价信息，鼓励教师积极参与评价结果讨论，通过与多方评价主体沟通后方能形成评价结论，并及时将评价结论反馈给被评价的教师。

3. 评价组织的层次化原则

学校、学院、教师、学生和校企共建企业组成了高职教师教学能力考核评价的多个层面。在学校层面，要从关注学生满意度、师生互动水平、教学严格要求程度、学生学习行为培养等方面，设计出普适性的、反映专业课程共同教育教学特点的指标体系。在学院层面，由各教学单位根据本单位学科专业特点和教师教学的具体情况，制定出合适的评教指标体系。在教师层面，教师个人要以学校、学院教学评估指标为基础，从特定学科专业和课程特点出发，向学校评价问题库中提供反映所授专业课程特点的教学评估指标。在学生层面，应组建教学评价与反馈的组织团体，充分发挥学生在教学中的主体地位和教学评价中的发言权，重视学生对教学改革的意见和对教学改进的建议，设计反映学生对教师及教学课程满意度的评价指标。在企业层面，要结合教师对学生顶岗实习指导情况、教师为企业解决专业技术应用问题等方面听取企业意见，着重考察教师工学结合、产教融合的水平与能力。

4. 评价内容的全面性原则

教学能力评价应以课堂教学效果评价为主，这是不争的事实，但不可忽视教师思想品质、教学基本素质、职业核心能力和发展特质等因素对教学能力水平发展的影响作用。基于高职教育教学活动规律、办学特色和教育改革发展的需要，立足学生学习特点和学生需求，高职教师教学能力应包括教学基本能力、教学一般共性能力、职业教学特殊能力和教学发展能力等几个方面。因此，要建立以这些能力为主要内容的全方位、立体式的教学能力考核评价体系，促进教师教学能力构成要素及评价指标进一步多元化，以综合、全面地衡量教师教学能力状况，特别是教师教学能力发展状况，引导和促进教师教学能力全面可持续发展。

同时，面对多样化人才需求、多样化院校共存的局面，要对不同院校的教师教学能力进行统一评价已绝非可能，也不科学。不同类型院校、不同学科及专业的教师，其教学能力应该有不同的构成要素，评价时也应该有不同的标准与方法，应区分类别与区分层次。这就需要研究者基于具体的视角来提出不同的看法，从而制定科学合理的评价指标，对教师教学能力进行有效评价。

（三）基础指标、核心指标和发展指标相结合的原则

实践证明，要科学、客观、准确、公正地评价教师教学能力，评价指标体系的构成是关键因素。高职教师教学能力考核与评价指标体系应当包括基础指标、核心指标和发展指标。

1. 基础指标应能充分反映教师对高职教育基本理论的掌握程度

高职教育强调理论传授的"适用、够用"，着重于基本理论和基本知识的传授，而不深究理论的来龙去脉和证明。在设计高职教师教学能力评价指标体系时，学科专业理论、专业知识等某些显性或隐性指标可不作为重点考查内容，但也不能轻视，这是因为高职教师入职时有可能专业并不十分对口，还是应针对现实执教专业所要求的基本理论知识与专业技能进行考察。作为评价的基础指标，重点是要评价教师的职业道德能力、现代职教理论掌握能力和教育专业理论掌握能力等。

2. 核心指标设计应能充分反映教师对高职教育教学技术的掌握和应用程度

高职教育的人才培养目标是培养生产、管理、服务第一线的技术技能型专门人才。高职教师教学能力评价除包含一般理论教学能力、实践教学能力、常规教学方法与手段的运用能力外，其核心指标的设计应紧紧围绕技术技能型人才的目标，评价教师的职业技术转化与应用能力、职业教学模式的开展能力与职业教学的社会服务能力。除此之外，评价指标还要包括教师运用现代教育技术与手段能力，如借助计算机网络技术、多媒体技术、视频课件等手段进行辅助教学的能力。

3. 发展指标的设计应能充分反映高职教师的职业延伸及教学拓展程度

高职教育作为高等教育的重要组成部分，具有人才培养、科学研究、社会服务和文化传承的职责。高职教师必须具有良好的教育教学能力和一定的科研开发能力和社会服务能力。近年来，虽然我国高职教育得到了迅猛发展，但毕竟发展

时间不长，高职教育教学的相关研究还比较薄弱，许多教学问题和发展难题还有待深入探索和研究。因此，高职教师教学能力评价考核应包括教师教学发展和学术情况指标、职业延伸及教学拓展能力指标，以及教学可持续发展能力指标等。

（四）教学、教研和社会服务兼顾的原则

高职教育的本质属性包括职业性、社会性以及实践性。教学、教研和教学社会服务是高职教师教学的三项主要活动。高职教师教学能力发展离不开教学，也离不开教研，更离不开与社会的结合与服务。因此，既要改变某些院校考核评价中重科研、重服务、轻教学的现象，也要改变某些院校重教学、轻教研、轻专业社会服务的现象，实行教学、教研与社会教学服务兼顾的考核评价标准，并分清主次，区别对待。教学是教师的本职工作，教学能力的高低直接影响人才培养质量，应是考核评价的重点和主要内容。教研是教师教学与专业素养的反映，强调教研的考核能促进教师理性思考，促进教学学术发展，因而应适当将教研成果纳入常规的评价内容之中。而教学与企业结合、与社会市场结合是高职教育特色所决定的。高职教师通过专业应用实践、对企业提供技术咨询与开发服务、开展行业企业教学培训服务等多种工学结合形式，能够实现在专业思想、专业知识、专业实践能力以及专业心理品质等方面的提升和发展，因此高职教师教学能力考核应包含教师专业应用与教学服务的能力，这也是高职教师教学能力与其他教育类型教师教学能力的主要区别之一。

（五）理论与实际、定性与定量相结合的原则

根据所授课程性质的不同，高职教师分为理论课教师和实践课教师两类，其中理论课教师又分为专业理论课教师和基础理论课教师。对理论课教师要侧重评价其教研教改能力，其教学能力评价指标设计时须考虑学生对理论课程的认识的转变、学习动机的激发、学习策略的运用和素质教育实施情况等因素。对实践课教师则侧重于实践操作和指导能力的评价。

理论教学能力与实践教学能力是教师教学能力最突出的两个方面，但在高职教师教学能力考核评价中，往往以课堂理论教学为主，忽视了实践教学能力和职业教学能力的考核。从某种意义上讲，高职教师更应重视实践教学及职业技术的考核，这是由高职教育教学的本质所决定的。

定量考核与定性考核是人事管理中的两种最基本方法，定量评价与定性评价有着不同的理论基础和评价侧重点。在教师教学能力评价中，既不能过分定性化

和柔性化，也不能过分定量化和刚性化，而应实行定性与定量相结合的考核评价方法。指标中可量化的内容一定要量化，运用数据结果，实行定量考核；指标中不可量化的要进行综合分析，实行定性考核。

（六）奖惩性与发展性相结合的原则

教学能力评价的目的是通过评价促进教师教学思想和文化素质的进步，实现教师专业发展和教学发展，并实现教学水平的提升。高职教师教学能力评价主要有奖惩性评价和发展性评价两种形式。

奖惩性评价是通过简单分数评价教师的教学与能力，是一种静态总结性评价方式，所关注的只是评价结果（分数和排名），忽略了教师教学活动的复杂性，正日益显露其在评价过程中的局限性。发展性评价产生于 20 世纪 80 年代，是针对以往奖惩性评价制度存在的弊端并为解决这些弊端而提出的。它是一种以促进评价对象的未来发展为根本目标的评价方式，强调多主体平等参与评价活动，运用多种评价手段科学诊断和发现评价对象发展过程中取得的成绩和存在的问题，以激励其不断改进提高。发展性评价同时强调，在促进每个人全面发展的同时，要结合评价对象各方面的特点，正确评价每个人的发展潜力，为评价对象提供适合其发展的针对性建议，做到全面发展与个性发展相统一。发展性评价注重过程评价，注重建立动态调控机制，强调教师主动参与，通过评价主体与教师民主协商，以及对学生学习过程和教师教学过程的反馈、反思、改进、优化，促进学生发展和教师专业发展。

显然，发展性评价优于奖惩性评价，正日益显露其实用性。发展性评价考核首先要结合学校总体发展目标制定科学、合理、可变和可操作性的发展性评价考核目标；其次要建立教师考核档案，引入动态分析机制，以过程性和发展性为主要特征，持续性地观察与考核教师可发展的潜力。发展性评价作为一种发展性、诊断性评价，其评价指标不仅要成为检验高职教师教学能力的客观标准，而且要体现高职教学工作发展改革的方向，体现教学能力可持续发展的要求，成为教师为之努力奋斗的目标。

随着师资队伍的发展，发展性评价考核制度越来越受到重视。只有运用发展性评价理念将奖惩性教学能力评价与教师个人成长与发展结合起来，才能使教师愿意接受评价结论并积极反思，不断促进自身发展；才能引起教师和学生的共鸣，调动他们的积极性，创造轻松和谐的教学氛围，既有利于教师不断改进教学，提高教学质量，也有利于学生学习，提高学习效率。

二、高职教师教学能力考核与评价的要求

教学能力评价制度是指有关教学能力评价目的、功能、任务、对象、内容和活动准则等教学能力评价要素及其相互关系的稳定安排，一般通过政策、组织机构、规定、公约或活动惯例等形式体现。

（一）完善教学能力考核评价制度

教学能力评价制度是教学活动的基本制度之一，直接影响教学能力评价自身的公正性、合理性和权威性，是高职教师教学能力考核与评价系统得以顺利实施并发挥作用的有力保障。

1. 完善教学能力考核评价的价值体系

高职院校要根据教学能力评价的目标和指导思想完善教学能力评价的价值体系。价值体系要明确教学能力评价的指导原则和价值标准，说明教学能力活动的方针和指导思想，阐明教学能力评价的目的和意义，使教学能力评价人员和管理机构十分清晰地了解教学能力评价的内涵和作用。

2. 完善教学能力考核评价的政策制度

政策制度要详细规定评价主体、教师本人和学校等在评价过程中的具体任务，做到分工明确、相互配合。政策制度也要规定考核评价的总体进程、每个阶段步骤的完成时间，做到步骤完善、可操作性强。政策制度还要明确各项教学能力评价的基本程序，评价过程与行为要求要严格规范，充分保证教学能力评价考核实施过程中的质量和效率。

（二）建立教学能力考核评价管理系统与组织结构

管理系统是高职教师教学能力考核与评价系统实施过程中的技术保障，组织结构是高职教师教学能力考核与评价的管理保障，这两种保障能有效提升教学能力考核评价的科学性和效能。

1. 开发教学能力评价管理系统

计算机、网络技术的不断发展以及统计分析软件的开发运用，为定量研究和数理统计提供了极大的方便，也为教师教学能力评价系统开发奠定了技术基础。教师教学能力评价系统的开发，既有利于进行量化分析，使教师能意识到自己的能力达到了何种程度、水平，从而找准努力的方向；也有利于提高考核评价的科学性、客观性和准确性，提高考核评价的效率。同时，教师教学能力是动态发展

变化的，教学能力考核评价系统也应是一个管理系统，要集评价、反馈、更新于一体，做到全面、科学、客观，只有这样，才能对教师教学能力进行合理测评，也才能较准确地跟踪掌握教师教学能力发展状况。

2. 建立教学能力评价监控组织

建立健全教学能力评价监控组织体系，可以起到对教学评价的组织保障作用。应支持建立各级教学能力评价监督机构，这些机构应能独立行使评价监督职能，监督教学能力评价过程是否符合规定、监督教学能力评价行为是否合乎流程、监督教学能力评价指标是否合乎情理、监督教学能力评价制度是否得到落实等。

3. 实现教学能力评价独立化

教师教学能力评价体系应进一步独立化。随着教师教学能力研究的深入，对教师教学能力的评价将不可避免地成为一大趋势。而事实上，只有当此项评价工作独立之后，对教师教学能力的研究才能有其应用的载体，才能取得研究的效果和价值。这一独立化同时包含了两个含义：一是要将教师作为一个独立的评价对象；二是要将教学能力独立出来作为一个总的评价内容，再分成若干级评价指标将其具体化。只有这样，评价才有针对性、可行性。

（三）建立教学能力考核评价问责制

教学能力评价问责制是改进教学能力评价的制度保障，是对实施评价的评价者的制度约束。教学能力评价问责制有利于督促评价者进行客观、公正评价，有利于监督评价者的评价过程，提高教学能力评价的效率与质量。针对评价者的教学能力评价问责制的内容应包括评价的基本工作要求和规范、评价的主要过程、评价结果的审核程序等。若是进行集体评价，评价结果需要充分尊重评价者的不同意见，集体讨论，采用无记名投票的方式来决定；若是进行个体评价，评价意见需谨慎、客观。

教学能力评价问责的实施部门，应明确规定教学能力问责的执行主体和职权，明确向学校教师公开教学能力评价问责的处理程序等内容。责任的处理过程应透明、公正、客观，并遵守处理程序。当评价结果受到查处或明显存在异议时，执行部门要组织同行专家另行评议，然后追查原因。

第四节　高职教师教学能力考核与评价的指标

克服传统教师教学能力评价制度的弊端，设计与重构高职教师教学能力评价指标体系是客观、准确、公正地评价教师教学能力并促进教师教学能力发展的关键因素。高职教师教学能力考核与评价指标体系不仅要全面、系统、科学，还要体现客观性、层次性和合理性，完整地反映教师教学能力的基本内涵。

一、教师教学能力考核与评价指标体系研究

王孝玲在《教育评价的理论与技术》中提出了教师评价指标，其中教师素质为一级指标，二级指标中含有工作能力指标，教学能力是三级指标，其后就没有再细分的指标。王景英在《教育评价理论与实践》中提出了课堂教学评价，其中涉及教学能力评价指标，该指标下包含教学基本功（教态、语言与板书）、激励的方法与手段、组织与应变能力。王京文等人在《基于多元评价模型构建高校教师综合素质评估指标体系》中将教学能力作为业务素质的二级指标，业务素质的三级指标分为教学态度、课程建设、教学内容、教学方法、讲授能力、教学研究等。此外，也有个别学者提出要对青年教师进行单独评价。

吴亚秋在《高职院校教师教学能力评价指标体系探究》中提出了教师教学能力评价体系，主要是针对高职教师的，包括7个一级指标、30个二级指标：①教育教学能力，包括教师素养、知识结构、教学技能。②课程开发与建设能力，包括课程改革与建设、专业建设、与行业企业合作开发工学课程、校企合作开发教材、精品课建设等能力。③课程资源开发及利用能力，包括校内外实习实训基地、图书馆与阅览室等资源的利用能力，虚拟资源与网络等信息化资源的利用能力。④实践教学能力，包括实践操作、实践教学设计、实施与考核评价、实践指导、示范讲解等能力。⑤教学科研能力，包括教学基础建设、学科建设、承担教研教改课题、发表教研教改论文及论著、科研成果获奖、教研教改获奖能力。⑥社会服务能力，包括与企业合作开发课程和教材、知识和技能培训、技术指导、对口帮扶、企业实践的能力。⑦其他能力，包括学历、继续教育、创新理论的学习与实践能力。

姜奕阳、刘军等在《高职院校教师教学能力考核体系的建立》中提出了教师教学能力评价体系，主要是针对高职教师的，由4个一级指标、13个二级指标构成：①教学设计能力，包括对课程理解、定位和把握教学内容、教学文件。②教学组织能力，包括教学态度、教学方法（现代教学技术手段）、教学效果。③教学研究能力，包括发表论文、研究课题或著作、科研经费或专利、专业开发与建设。④教学应用能力，包括实践教学、实验（训）室建设、社会服务与技术支持。

刘慧、王贵成、冯军在《高等院校青年教师教学能力评价指标体系与方法探讨》中提出的教师教学能力评价体系主要是针对青年教师的，有4个一级指标、20个二级指标：①教学基本素养，包括最后学历学位，参加岗前培训及相关水平测试情况，跟班辅导、备课等情况，参加实践教学环节。②课堂教学能力，包括为人师表、教风朴实严谨等情况，课堂讲授语言清晰、内容熟练流畅程度，教学突出重点、强调难点、抓住关键等情况，激发学生学习积极性、提高学生创新能力情况，课堂上教与学互动情况，熟练使用现代技术手段情况，及时吸收新成果、介绍教学进展情况。③教学研究能力，包括教学基础建设能力（专业建设、课程建设、教材建设、实验室建设等），发表教研教改论文情况，承担教研教改课题情况，教研教改获奖情况。④学科专业能力，包括参与学科建设情况，发表科研论文、论著情况，承担科研课题情况，科研成果的获奖情况。

二、高职教师教学能力考核与评价指标体系

高职教师教学能力由教学基本能力、教学实施能力和教学发展能力组成，其中教学实施能力主要指专业教学能力，是教学能力的主体部分，可细分为一般共性能力和职业教学特殊能力。根据高职教师教学能力结构，高职教师教学能力评价指标体系一般分为一级指标、二级指标和三级指标，其中三级指标依据不同层次高职教师教学能力具体要求而制定。

第八章　我国高职教师教学能力状况及问题归因

第一节　我国高职教师教学能力状况

我国高职院校经过多年的规模扩张与跨越式发展后，办学水平有一定的提高，但与人才培养质量密切相关的教学质量和教师教学能力总体水平离高职教育要求还有一定距离。从长远来看，这势必影响高职教育人才培养目标的实现，影响高职教育健康和可持续发展。

高职教师教学能力主要表现为教学基本能力、教学实施能力（教学的一般共性能力和职业教学特殊能力）和教学发展能力。为了调查高职教师教学能力状况，某课题组于 2019 年 3 至 6 月通过随机问卷调查和访谈方式，分别就这几种能力构成要素的部分属性项对全国多所职业院校进行调查研究。调查共发放问卷 250 份，其中管理岗位 50 份、教师岗位 100 份、各类学生 100 份。在对回收的 238 份问卷进行统计分析后，课题组认为，目前高职教师教学能力有一定程度的提高，但也存在一些问题。

一、高职教师教学基本能力状况

高职教师教学的基本能力主要是指教学基本素质和专业基本素质，包括教学基本知识、专业基本知识及通过长期教学实践而形成的个体教育哲学水平等，同时应包括与教学认知能力相关的教学态度与专业精神等内容。

（一）教师的知识结构与能力结构

在专业知识方面，96% 以上的高职教师认为自己对任教专业的知识掌握得比较好，61% 的教师表示自己对与专业相关的学科知识掌握欠佳，53% 的教师对于专业在相关行业内的发展情况缺乏应有的了解。这些数据说明，有部分教师仅满足于课程教学需要，没有主动拓展与专业相关的基础知识，缺少应有的专业知识储备。教师专业知识储备不足，教学便捉襟见肘，学生容易感到索然无味，会影响传授知识的效率与效果。

在知识结构与能力结构方面，调查发现，83% 的青年教师本体性知识（学科专业知识）较强，条件性知识（教育学和心理学方面的知识）明显不足，实践应用性能力（教学经验与实际应用）较差。这是因为大多数青年教师教育教学背景不深，教学知识与技能仅来自相互的听课及本体性教学体验。另外，有近 73% 的教师表示自己没有系统地接受过教学设计或教学评价等教学法的训练，缺乏对教育教学知识的系统性与全面性了解，因而教学理论、策略、方法等条件性知识十分有限，教学的基本技能和基本能力也就明显不足。课题组在对某高职院校青年教师进行调查后发现，54.8% 的教师在教学中遇到的主要问题是教学方法和教学技巧的缺乏，34.2% 的教师不够了解学生、缺乏对课堂组织和课堂纪律的驾驭能力。

知识结构不合理、能力结构比例失调致使部分教师因教学情境性知识和实践智慧的不足而影响了教学效果，也影响了自己教学的发展。

（二）教师的教学基本认知与高职教育基本认知

良好的教学认知是教师从事教学活动应具备的基本素质。调查发现，部分高职教师对教育教学的认知不够深入，表现出的主要问题有：①对所教专业教材不能认真钻研，不能达到"懂、透、化"的境界，有些概念甚至教师自己都还不能详细理解和把握，导致教学的知识性和科学性存在缺陷。②对本专业最新研究成果缺乏了解，不能激发学生对本专业最新研究领域的兴趣，导致教学缺乏时代性和先进性。③对学生"学情"的把握能力较差，不能准确把握学生的学习目的、学习态度、学习方法、学习策略、学习兴趣以及学习动机，导致教学难以因材施教。④对参考资料缺乏分析处理和利用能力，其教学准备只局限于课本而不能有些许的超越，导致教学信息量不足。

高职教育教学具有高等性、职业性和技术性特征，部分教师对高职教育缺乏深刻了解。调查发现，65% 的教师对高职教育理论不太熟悉，对职业教育目标认知不足，对高职教育的高等性、职业性和技术性办学特征认识模糊；50% 的教师对高职教学模式和人才培养模式认知不足，特别是对"教、学、做、用"于一体的高职特色教学方式体会不深。总的来看，部分教师对工学结合、校企合作、产教融合以及"产、学、研、用"相互转化的办学模式缺乏足够的了解,甚至漠不关心,导致教学思想与行为偏离了职业教育的方向,从而影响了高职教育教学质量。

(三)教师的专业态度与专业精神

由于高职教育开展时间不长,社会上还存在着一定的偏见,部分教师存在着隐性的消极思想、情绪,对职业价值与专业价值的认同感较低,缺乏对职业教育的责任与敬畏之情,因而在教学中缺乏敬业态度和专业精神,对教学投入热情不高,不仅影响了教学效果,而且影响了自身教学能力的提高。

调查显示,有近40%的教师对教师职业化与专业化发展认知不足,缺乏对教师专业化的认可。有30.5%的教师表示没有意识或没有途径去实现教师专业化发展,50.2%的教师甚至根本就不打算去提高自己的教学能力。有近30%的教师对教学成就无所谓或对教学是一种应付性的工作态度,甚至回避教学,认为教学是在浪费自己的时间和精力。总的来看,部分教师价值取向失衡,教学成为某些教师的一种副业。调查发现,有近20.4%的青年教师或多或少在从事其他兼职工作。

(四)教师的个体教育哲学素质

教师的个体教育哲学是教师在教学实践中形成的系统化、个性化教学观或教学理念。目前部分教师个体教育哲学素质尚未形成或发展不足。调查发现,78.2%的教师对自己所从事的高职教育教学工作缺乏应有的理性思考,也未对教学价值与意义、教学的方式与方法等因素进行过积极的反思与构建。有大约50%的教师不同程度上缺乏学生全面发展的教育观、开放互动的教学观、整体发展的教学质量观、社会与个体需求的人才观、民主平等的师生观等教育哲学素质。

二、高职教师教学实施能力状况

高职教师教学实施能力是指教师专业教学或课堂教学的执行能力,主要包括教学的一般共性能力和职业教学特殊能力。

(一)教学的一般共性能力

教学的一般共性能力,即教学常规性能力,具体表现为课前教学准备能力、课中教学操作能力和课后教学效果监察能力三个方面。

1. 课前教学准备能力

课前教学准备能力是对教学实施方案的准备能力。调查发现，80% 的教师对学期教学计划及实施方案没有充分准备。70% 的教师对教学过程中可能出现的问题与可能的教学质量效果没有预案、预测与准备。60% 以上的教师在备课时受传统教学模式影响，课前备课程序模式化。

在教学设计能力方面，部分教师表现出来的问题有：①对教学目标缺乏确定和分解能力，每次课所应达成的知识、情感、技能、能力及思想等目标不能清楚知晓，导致其教学经常游离于教学目标之外。②对教学内容的选取和编排能力不足，对于教学内容的逻辑体系和教学内容的重点、难点不能准确把握，导致教学的系统连贯性和重点突出性的隔离。③对教学方法选择的依据和标准把握不足，不能恰当地选择科学的教学方法。④对课件设计能力存在欠缺，或把课本内容照搬到课件上，或插入一些与内容毫无关系的图片、视频。出现过于倚重课件的"唯技术化"取向，对教学效果的提高不仅无益反而有害。

在对学生基本情况的了解方面，部分教师备课时只重视教材的钻研与教法的设计，着眼点是教材，关注的是教案设计，而忽视了学生原有知识储备和学习潜能，也就是在不了解学生的情况下进行课前准备。造成这种现象的主要原因是这些教师尽管具备扎实的专业基础知识，能轻而易举地掌握教材和处理教材，但他们没有接受过系统的师范教育训练，对教育学、心理学、教学论等理论知之甚少，不能很好地运用教育规律进行个性化的教学准备。这种立足于教材本位、教师本位、知识本位的备课方式，突出的是教师教学主体和主导地位，而忽视了对学生的研究。

2. 课中教学操作能力

课中教学操作能力是指教师教学过程的进行能力。教学是一个系统的工程，包括实施教学过程的方方面面。调查发现，在实施课堂教学方面，部分教师由于没有认真准备，课堂教学随意性较大，甚至充满游戏色彩。30.2% 的教师教学从理论到理论，从书本到书本，缺乏职业教学情境设置能力，缺乏边做边讲的课堂实践操作能力。近 80% 的教师上课关注的是教学任务的完成情况，而忽视了教学重点与难点的讲授。比如有些很容易的问题，教师不厌其烦地讲授，而有些难懂的问题，教师却一带而过，甚至根本就未有涉及。有 80.6% 的教师讲课时主要依据教材，照本宣科，按照教案程式化进行教学。92.5% 的教师自始至终采用传统课堂教学模式教学，教学手段和教学方法无职业教学特色，教学形式毫无艺术性与感染力,还缺乏激情与活力。总的来看,部分高职课堂,教师讲得很辛苦,学生听得痛苦,课堂失去了感染力,以致学生心生反感,出现厌学、睡觉、逃课的现象。

总结起来,在教学操作能力方面,部分教师表现出来的主要问题有:①不注意锤炼自己的教学语言,语言表达或逻辑混乱。②过于倚重现代教学媒体手段的运用,忽视或不能有效利用传统教学方法和教学媒体。③缺乏课堂教学互动能力,忽视师生互动的教学情境。上课只是按自己的思路和节奏进行,不能和学生进行情感沟通、心灵交流和智慧碰撞。④课堂上各教学环节之间的承传转换能力较差。新课的导入知识点之间的自然过渡、问题与问题之间的转换、教学手段和教学方式的变换等存在这样或那样的问题,导致教学流畅性和学生认识活动有序性降低。⑤强烈依赖教学预案,一味"填鸭式"地满堂灌输,整个课堂犹如一个教学的"生产线",教师只是一个讲课的机器,按照固定的流程实施教学环节,按照规定的动作完成教学任务。

3. 课后教学效果监察能力

(1) 教育质量意识淡薄

调查发现,88.2%的教师具有较强的教学责任感,6.7%的教师对课堂教学没有教学质量与特色的意识。40%的教师仅限于教学分配任务的完成而不管教学效果,近20%的教师的学期教学计划常常只能完成2/3或一半。近30.8%的教师对教学过程无管控、监控及调节意识,缺乏对课堂组织和课堂纪律的驾驭能力,对学生迟到、旷课以及上课睡觉、玩手机不闻不问。70%的教师课堂上缺乏对学生及其学习情况的即时了解,缺乏随机应变与控制调节的能力,缺乏对课堂教学效果的观察能力、分析能力与即时正确的评判能力,因而也缺乏课堂教学相互引动与交流的能力。

这些现象说明,部分高职学校教育质量意识淡薄或对教学质量不重视,尚未形成强有力的内部约束机制,也反映出部分教师育人责任感与人才培养意识的缺乏。

(2) 教学总结反思能力较差

教学反思是反省自己的过程,总结、反省自己做得不够的,琢磨出适合自己也适合学生的教学方法,这是提高教学能力的有效措施。没有反思的教学行动在时间的长河里只会无限地重复而无法超越自我,自然也就谈不上教师的专业成长了。调查中发现,部分高职教师对教学反思的意义理解不足,存在着教学效果诊断和调控淡薄化、课后反思与总结形式化的现象。有近30%的教师课后按照学校规定有一定的反思，但这种反思也仅仅限于填写教学任务完成的情况、学生课堂纪律的状况和教学的效果等。有60%以上的教师在课后没有对教学情况做记录的习惯，也没有对教学中的重难点讲授、教学情境的设置、教学方式方法的运用、教学过程及行为等因素进行归纳总结。有近40%的教师对学生平时成绩没有认真考核、评价、记载与分析，对学生学业成绩的认定也很随意。有近95%的教师未能对所积累的专业知识资源与教学资源进行合理管理，缺乏对知识资源整合与发展意识，因而不能对所积累的专业知识资源与教育教学资源进行优化和转化。

（3）教学监控能力不足

教学监控能力是指为保证教学达到预期目的，在教学的全过程中将教学活动本身作为监控对象，不断对其做出调整的能力。部分教师在这方面表现出的主要问题有：①不能通过自己的观察了解学生的学习状况，不能及时调整和完善自己的教学。②教学调控能力欠缺，不能有效地利用语言、眼神、手势、纪律、教学方法的变化等手段调控课堂教学，导致课堂教学松散，影响教学效果。③教学评价和反馈能力存在不足，不能正确评价教学过程中学生的各种状况和言行表现，导致不能及时有效地对课堂教学进行修正，影响教学效果。

（二）职业教学特殊能力

高职教师职业教学能力是高职教师适应现代职业性教学要求的能力，主要包括职业技术的教学应用与转化能力、职业教学模式的建构与运用能力和职业教学的社会服务能力等。

1. 职业技术的教学应用与转化能力

职业技术的教学应用与转化能力是教师利用现代职业技术进行教学应用与转化的能力，包括行业技术成果的教学转化能力、现代职业教育技术应用能力等。

调查发现，76%的教师没有专业技术开发的经验，90%的教师缺乏行业技术发展成果的敏感性，不能有效跟踪行业和专业发展前沿。近乎95%的教师从学校到学校，从未有企业工作的经验，没有参加过针对性的职业技能培训，也没有实际项目工程的经历，缺乏对行业技术及生产流程的了解，因而难以将行业发展技术、工艺技术有效融入教学内容之中，也难以有效地开展职业技术应用转化工作。总的来看，高职教师有些是"半路出家"，离"双师型"教师要求相距甚远。

2. 职业教学模式的建构与运用能力

调查发现，有 70% 的教师从未获得参与校企合作、工学结合的实践机会，60% 的教师缺乏教、学、做、用于一体的教学意识与能力，70% 的教师不具备真实工学结合环境与场景的创设能力。

总的来看，高职教师队伍中的"双师型"教师比例严重不足，具备"双师型"教师资格，又真正从事过实际职场工作，并具有较强实践教学能力的教师非常缺乏，从而导致了在日常教学中，教师大多只注重理论知识的传授而忽视了对学生进行实践能力的培养，只能开展传统形式的课堂教学而缺少对现代职业教学模式的运用。

3. 职业教学的社会服务能力

社会服务是高职教育的基本职能之一。高职教师社会服务主要是指为社会开展专业培训服务或专业技术应用服务。调查发现，仅有 20% 的教师参与了企业与社会服务，但这只是形式上的，其服务能力不同程度上存在着与社会需求的矛盾。只有大约 10% 的教师能进行专业技术社会应用与拓展，能面向社会开展技术咨询与专业技术服务；只有 20% 的教师有参与社会教学培训的机会，能面向社会开展专业知识与技术教学服务。调查中还发现，大部分教师专业发展呈现"自我封闭"状态，这种"自我封闭"状态的出现有两个方面原因：一是高职教学活动比较脱离社会实际，教师是在运用各种媒体虚拟出的情境下进行教学，缺乏对真实职业场景和技术发展的了解；二是学科专业间"壁垒森严"，导致教师在进行职业技术的社会服务时，有限的技术能力难以适应市场的需求。

三、高职教师教学发展能力状况

高职教师教学发展能力主要是指教师教育专业与学科专业发展能力，包括教学学术研究能力和教学发展特质力等。

（一）教学学术研究能力

教学学术是指知识传递的学术。教学与科研本是相辅相成的，但目前较多的高职院校存在教学与科研的失衡。高职教师教学研究能力的不足，导致了教师对于发生在身边有关教学的热点问题缺乏应有的敏感度，不能从理论的高度驾驭整个职业教育教学过程，也不能很好地运用教育研究方法和研究思路，去发现教学中存在的问题并从研究中探索教学规律、总结教学经验，进而提升自身的职业教学能力。

调查显示，大多数高职教师存在着教育理论研究意识缺乏、教学科研意识不强、科研层次不高的现象。有48%的教师没有参加过专业课程建设与课程资源的开发活动。65%的教师从未参与过教研课题和科研课题的申报，也从未参与过教学科研课题研究活动，对教学之外的专业研究及专业应用缺乏兴趣，对专业之外的相关领域教学研究与拓展也缺乏兴趣。49%的教师对于教育科学研究不重视，认为可有可无，对其研究的方法也感到陌生。有近70%的青年教师没有科研意识，也不关注教学研究与科研发展。

教学研究能力主要包括问题发现、问题解决、教研论文撰写、教学反思、教学创新等因素。部分教师之所以对教研能力不重视，主要问题有：①没有把备课看成一种策略性研究，缺乏对上课的设计和策略性准备。②没有把上课看成一种"临床性"研究，对教学目标、教学内容、教学方法、教学进程、教学效果等缺乏"临床性"诊断。③没有把教学后记看成一种反思性研究，认为上完课也就完成了教学任务，从不写教学后记，也就不能对自己的课堂教学进行有效的反思。④没有把听评课看成一种比较性研究，把听课和评课活动当成是一种任务甚至是一种负担，没有把握住通过比较提升自己教学能力的契机。

（二）教学发展特质力

教师发展的特质力或本质力是指教师通过长期的教学实践后，本身所激发出的潜质、潜力，如教学认知能力、教学资源整合能力、教学迁移与专业拓展能力等。调查显示，受环境因素影响，有30%的教师对职业及自我价值存在消极认知，教学发展出现停滞与衰退，职业"高原期"现象严重，因而难以激发教学的热情、成功与发展的欲望、成就的快感体验等本体性潜质和潜能。

第二节　我国高职教师教学能力状况的学校归因

学校的体制机制、办学环境条件会影响教师教学能力的形成与发展。如果相关的制度安排不合理，那么教师发展的动力就会受到抑制，教师教学能力发展就会受到阻碍。

一、办学体制与理念的归因

大多数公办高职院校具有体制上的办学优越性与强势地位，学校招生与学生就业状况、办学水平及其人才培养质量高低还远未能影响学校的生存与发展，因而在办学过程中往往缺乏市场竞争意识，缺乏人才培养质量观念，不重视教师、教学和环境条件的改善，造成教师教学能力发展受限的弊端。

（一）行政化主导体制

高职院校通过多年的发展，已经形成较为稳固的内部管理治理结构。这种结构以政府行政约束为主导，属于行政权力主导的模式。如今，在一些高职院校，官本位渗透到学术领域：有些领导者学术水平并不高，依靠行政特权，做了学科带头人、导师、项目负责人，而真正有学术水平的教授、专家被排除在外；有些学校利益向行政干部倾斜，教师群体被边缘化。

另外，一些高职院校缺乏市场竞争意识，对于行业变化缺少敏感，甚至有的教师每年都用同样的教案来教学，这既不利于学校和教师的发展，也不利于学生的成长。

（二）功利化办学倾向

教育功利化是指教育依据效益与实用的原则来完成对自身的建构过程。多种迹象表明，当今的职业教育一定程度上存在功利性。

一些高职院校在经历了大跃进式跨越发展后，学校规模与招生人数达到了前所未有的水平，经济效益与社会影响也空前高涨。规模发展和效益增加所带来的功利性效应，致使一些高职院校还未能从这种外延扩展式发展形态真正转到内涵质量提升的轨道上来，热衷于形象工程与形式主义所带来的好处，一味放大规模发展模式的现实性与功利性，导致了一定程度上的高职教育功利化。

1. 办学的功利性倾向影响了教师职业价值观

在教育功利性影响下，一些高职院校受市场经济影响，有意淡化以质量求生存、以内涵求发展的办学思路，学校的中心工作不再是教学，而是以经济活动为中心，并采用市场化、产业化的办学方式，使教育附上了经济利益动机。于是，在这些院校，教学"缺斤短两"，教学时间、教育经费、教学设备、教学内容投入不足，教学管理与服务、教学质量和特色等重要内涵因素被有意轻视与淡化，不尊重教师和教学，不重视人才培养质量。这些功利化行为倾向，扰乱了正常的教育生态，影响了教育的神圣与庄严，一定程度上使教师丧失了对教育的尊重和责任，也失去了教学能力提高的动机和热情。

2. 考核的功利性取向阻碍教师本体价值的体现

对于高职教师来说，精神自由、兼容并蓄、弘扬个性的教学氛围是教师发展、教学发展和教学创新成果产生的环境条件。教师教学的功利性色彩常常和教学自由、教学创新背道而驰，它限制了教学自由传统上的自主性。如今，在一些高职院校，教师业绩的考核标准只注重任务完成的多少、科研论文及获奖的多少、成果社会影响的大小等，而忽视了教师教书育人的本质，忽略了实质性知识传授成果、教书育人成果和合格的学生"产品"成果，结果助长了教师的急功近利、轻薄浮躁的教风。长此以往，教师就会偏离教学的初衷，就会缺乏教学追求，就会束缚和阻碍教师自身能力的提升。

（三）大学精神与理念的缺失

教育是具体和实际的，教学是学校一切工作的核心，教师是教学的主导和学校工作的主体，这是千古不变的道理。如果丢掉了这个核心与主体，一切的改革与创新就会显得苍白和无力。有些高职院校丢失了大学精神和理念，办学变得不伦不类，同时也伤害了教师的专业精神，影响了他们对职业价值的认同，继而也使他们丧失了对教育的责任与敬畏之情。在这种情况下，教师的教学能力是难以提升的。

二、管理制度与机制的归因

我国有关高职教师发展的规章制度应该说是比较完备的，但由于一些高职院校对教师和教学质量的不重视，因而相应的教学管理制度形同虚设，教学管理机制难以落实，对教师教学的有效激励就难以发挥作用，从而影响了教师教学能力的提高。

（一）教师聘用机制

目前，我国高职教师的来源渠道广泛，主要包括普通高校毕业生就业应聘、普通高校教师的调入引进、企业技术人员的聘用与引进等。由于普遍缺乏高职教师的任用规范、准入程序和准入标准，各校只是根据自己的实力和现状制定招聘标准，高职教师职业进出门槛过低，岗位选聘把关不严，必然导致教师素质参差不齐。如来自非师范类高校的毕业生，大多未修过教育学、心理学、教学法和职业技术教育等相关课程，以至于大量青年教师缺乏足够的教育教学能力和实践能力；来自普通高校的教师，对高职教育不熟悉，也缺乏相应的实践教学能力；来自企业的技术人员，虽然实践能力较强，但教育教学能力不足，也难以胜任教学工作。另外，由于缺乏相关的法律政策支持以及用人机制问题，高职院校的兼职教师队伍也普遍存在随意性强、聘用标准不明晰、人员不稳定、缺乏教育教学能力等问题。

（二）监督与激励机制

教师教学需要监督与激励，教师教学能力也是在监督与激励机制下成长、发展的。但一些高职院校监督管理机制显得非常"弱化"，激励行为也有失偏颇，影响了教师投身教学的自觉性和对教学的自律意识。

1. 监督机制

目前，一些高职院校虽设有教学的监督机构，并配有 2～3 名工作人员，但这些工作人员多以退休返聘的行政人员为主，多年没有从事过教学工作，其工作责任心不强，工作不得力、不到位，存在着"击鼓传花、得过且过"的现象。如有些教学督导仅限于每学期一次的学生测评统计与通报，既没有跟踪听课和意见反馈，也没有行使教学事务或事故的惩戒权力；有些教学督导只"督"不"导"，过于注重评定（或判定）等级，而不是着眼于教师教学专业化水平的发展和提高，对教师很少提出激励性的改进意见或建议。这些并非真正的、经常性的监督与评估，只能是形式主义，使多数教师缺乏教学质量管理意识，其教学目标仅限于教学分配任务的完成。

2. 激励机制

教师教学能力发展最终取决于教师的自主发展，但不可否认，教师教学能力形成与发展这一漫长而复杂的过程受到很多外部环境因素的制约，教师教学能力发展的动力本身就是制度上、工作环境上多方面影响的结果。如今，一些高职学校激励机制存在着一定的问题，如衡量教师教学能力高低的标准不是教学，而是倾向于科研和获奖；职称评定条件也不是看是否在教学第一线，而是量化为论文、课题的级别与数量；普通教师重用和升迁的机会也不是取决于教学能力的突出和为教育教学的付出，而是取决于某些人际关系。这些激励机制的偏颇与偏向，使部分教师工作重心被迫从教学工作转向了一些非教学领域，使教学成为某些教师的第二职业或"副业"。殊不知，大量优秀教师逃离了教学岗位，教学实体就会空心化，教学质量就难免"泡沫化"，对人才培养的影响就不言而喻了。

（三）评价与考核机制

高职教师的评定考核机制关系到教师个人切身利益，评职称、聘岗位、津贴补助、奖金待遇等都与教师息息相关，因此在教师聘用工作中涉及的评价指标就是非常重要的"指挥棒"，忽视了评价与考核机制的导向性，必然导致教师教学发展主动性的丧失。

1. 教学评价的管理主义倾向

当前，我国高职院校教学评价仍以奖惩性评价为主导，教学评价工作由学校管理部门负责，评价的主体主要是学生，辅之以教学督导组等专家评价方式。这种以行政评价和他人评价为主的方式在高职院校教学实践中存在明显的不足，主要表现在以下方面：①评教理念的管理主义倾向。评教由行政部门主导，以管理者为中心使评教混同于一般的行政管理活动，学生难以客观公正地做出评价，教师也不能获得改进教学的有效信息并付诸实践。②这种评教还易导致管理价值至上，导致评教工作形式重于内容，使不同利益相关者，尤其是教师和学生，对评教工作缺乏价值认同，师生双方参与教学评价的积极性和主动性就不足。③这种评价还因过分追求评价标准绝对化、客观化、可测量化而忽略教师的个体差异、学科专业背景差异，难以形成教师改进教学、提升教学能力的针对性建议。④这种评教还因评价主体单一化，使督导组、同行评教的作用没有充分发挥，难以为教师的职业能力、工作绩效和发展潜力提供全面的反馈。

2. 教学评价机制的技术性偏颇

目前高职教师考核制度基本借鉴和套用普通高校的考核制度，依然是偏向于科研，这导致许多高职教师重科研、轻教学的倾向明显。这种普遍而非常突出的现象，导致了长期以来我国高职院校在关心师资质量时，更多关注的是学历的提高、专业学术水平和科研能力的提升，而对教学方法、教育规律等方面的研究和关注甚少。在教师评价考核体系中的"重科研、轻教学"的评价机制人为地割裂了教学与科研的关系，违背了教学与科研相辅相成的规律，已成为当前高等教育评价机制的核心和焦点问题。

在这种以科研成果数量和级别质量等硬性指标为标准的评价面前，教学被不同程度地忽视了，教学质量的认定就被淡化，教学能力评价就显得非常"弱化"。我国很多高职院校的管理者在制定教师教学能力评价标准，尤其是定性的评价标准时，往往采用"过分柔性"的评价标准，考核指标往往模糊且考核内容缺少实效性。如教师思路清晰、组织严密、语言表达能力强、课堂气氛活跃等笼统性的标准是正确的，但是它们是抽象的、笼统的、弹性的、概括的和宽泛的，难以具体操作，无法作为教师评价的直接依据。以这样的标准对教师的教学工作做出考核，教师即使能够了解自己教学工作中的一些不足和需要改进之处，也很难找出具体的改进措施。以这样的标准对教师教学工作做出考核，只能满足于教师在"教"、学生在"学"，教学不出问题，导致了大多数高职院校对课堂教学的数量规定便成为教学管理中唯一硬性指标，对教学质量的评价也仅限于教学分配任务的完成。同时，评价者和受评者在使用这个标准时，在理解和把握评价标准方面也可能出现较大的偏差，尤其是评价过程中较大的主观性、随意性和模糊性，会降低评价结果的可靠性和有效性，从而使这些评价指标变得"有它不多，无它不少"，成为一种摆设。

长期使用这种与实践脱节的评价机制，不但不能起到对教师的引导性作用，还会挫伤教师参与评定和考核工作的积极性以及对评价工作的信任程度。

（四）人才培养制度

一个不容忽视的现象是，高职院校重视外部引用、轻视内部培养，与这些高职院校在引进人才时的"一掷千金"相比，其对校内在职教师的培养缺乏热情，在这方面投入的精力和财力明显不足。如在教师的发展方面，绝大多数高职院校没有专门的组织机构领导，没有系统、科学的教师成长发展机制，青年教师成长的导师制即"传、帮、带"制度也形同虚设，难以发挥应有效能与作用。而学校在教师培训中所起的作用至关重要，不同的角色扮演为教师教学能力形成与发展带来了不同的影响。

高职院校的人才培养制度对保障教学正常开展具有一定的意义。但在一些高职院校，这些制度只是一种摆设，并未起到它应有的作用。一些高职院校办学中的"伪现代化"现象十分突出，黑板上开机床、在作业本上编工艺的"伪教学"现象较为普遍。其原因如前所述，在于公办体制下的人才培养质量还远未引发高职院校生存与发展的危机，因而以教学为中心，提高人才培养质量的制度大多成为一种宣传的口号。因此，高职人才培养制度的实施依赖于市场办学竞争机制的有效介入。

高职院校是高等教育中的一种类型，主要培养技术技能型人才，其培养目标、人才定位，以及课程的内容、教学方法、教学模式与普通高校有较大的区别。但目前，大多数高职院校的教学模式、教学内容和教学方法都只是把传统高校的一套做法直接搬到职业教育中，变成普通高校课程的"压缩饼干"。很多课程只是把本科教学内容进行了缩减，难度降低，并没有针对高职学生的自身特点和社会需求进行教学，上课的模式和环节与本科相差不大。上课时所采用的教材虽然都写着"高职教材"，但内容除了部分删减，并无明显区别。错误的教学模式导致学生对上课反感、教师对教学反感，并形成恶性循环。

（五）科研与培训机制

1. 科研机制

教学的规律需要研究和探索，教学的方法需要总结和实践，这都需要科研意识与科学精神。长期以来，高职教育游离于本科教育的边缘，不仅教学模式、教学内容和教学方法都类比和借鉴传统高校的一套做法，就是科研也仿效其学术性研究评价模式，极其重视科研成果的数量、级别和质量。这种过高的学术型研究要求对于不少高职教师来说，无疑是一道学术障碍，容易伤害高职教师的科研积极性与学术热情，不能促进教学和科研的有机结合，难以使教学与科研形成一种连续发展的统一体。

在高职教师教学及研究中还有一种现象，就是忽略了"教学学术自由"的价值性，导致教师在教学学术上未曾真正意义上实现"独立"。这种现象迫使教师为应付学校某些强制性教学要求，而不得不循规蹈矩，以千篇一律教学程式去应对千变万化的教学环境，或以千篇一律方法和内容去研究教学中的复杂问题，很大程度上失去了教学学术自由的价值性，也严重束缚了教师教学能力的提升。

科研或教研导向的偏颇与失衡，必然导致针对高职教育自身特点的校本教学研究、应用技术研究和教学实践研究的不足，导致对教学规律、方法研究的不足，继而影响了高职教师教学学术性的提升，也影响了高职教师教学能力的发展。

2. 培训机制

目前，我国在职教师校本培训普遍存在以下问题。一是时间短、阶段性强、形式化严重，培训对象没有层次性区别。调查中发现18.3%的教师认为学校安排的培训没有考虑到教师的特点，学习内容千篇一律，甚至无的放矢，没有体现个性与层次性，缺乏针对性与实效性。95%的教师认为培训重形式，走过场，培训不到位，实际收效甚微，导致17.5%教师对培训漠不关心，参与的积极性不高，甚至部分教师误把培训理解为舒缓教学压力或个人职务晋升的手段。二是培训内容主要是学科专业性的，教师专业特色不鲜明。教师的专业实际上包括两个专业。一个是学科专业，一个是教育专业。教师工作要求教育工作者既是学科知识方面的专家，又是学科教学和教育知识方面的专家。因此，现代教师教育具有教师专业教育与学科专业教育的双重性质，教师的培养既要注重教师专业的学习也不能忽视学科专业知识的学习，而传统的教师培训则偏重于学科专业培训。因而64.2%的教师认为在职培训获得的只是一些陈述性知识，缺乏情境性学习的机会，没有注重教学环节、教学方法、教学设计和教学创新等教学能力提升的训练。三是培训考核的片面性。目前的考核几乎都采用闭卷考试，且考试内容与高职教育教学工作的实际结合度不够，形式没有大的改革。这种以纯粹的理论考试成绩作为衡量新教师履行教师岗位职责能力的考核方式存在一定的片面性，教师的实践工作成绩不能仅仅通过理论知识的掌握情况进行反映。四是教师发展保障体系不够健全，导致教师发展规定与计划不能够被落实。其主要原因包括以下内容：在观念上，院校领导对教师发展缺乏长远考虑，没有形成科学使用人才、培养人才的理念，仅仅满足于教师能把课上起来；在具体工作中，一些学校因师资力量不够，要求教师承担过多工作，限制教师的进修，尤其是时间较长的学历培训、脱产进修等；由于教师发展需要支付较高成本，保障教师发展经费没有相应的制度安排，使得教师培训与自修的经费支持得不到保证。

总之，在一些高职院校，岗前培训安排及在岗培训方式的学术性、教育性、技术性相互脱节，教师教学能力提升机构功能欠缺或提升机制的弱化，教师继续教育与终身学习理念与体系构建存在的明显弊端，带来了较多的负面影响，阻碍了教师教学能力的可持续发展。

三、办学环境条件与文化的归因

学校不仅是培养学生的场所，更是教师成长的基地，教师主要是在学校环境中成长的。学校的校园文化不仅影响着学生的成长，还直接制约教师的发展。教师教学能力发展是教师作为发展中的人与组织环境相互作用的结果，组织的发展和进步能促进组织中个人的进步，因此，教师教学能力发展一方面是自身不努力的结果，另一方面是其所在高校为教师教学能力发展提供必要的外部环境和相应的培养机制。

学校的组织文化作为一种教育环境，时刻影响着教师的发展。和谐的理念、深邃的校园文化、向上的精神面貌能形成并代表教师文化的做事方式、处世态度和"有为"核心价值观，让教师获得职业归属感。

目前，一些高职院校办学条件不足。具体表现如下：一是没有足够的课堂教学实验条件，传统的教学方法与手段依然在主导课堂教学；二是没有教学及实践的真实工学结合环境，一些高职院校在建立现代职业教育模式上也是口是心非，口号、标语叫得震天响，思想、行动仍是老一套；三是由于补偿机制的缺失，大部分企业忽视了应承担的社会责任，导致工学结合项目徒有虚名，校企合作模式流于形式；四是高职院校招生规模不断扩大的同时，新增专业也在不断地出现，对高职教师的需求也在快速增加。据统计，相当多的高职院校尤其是新办院校仍然存在师资数量严重不足的问题，师生比例失调，使大多数教师处于超负荷工作状态，无暇学习提高、更新知识，影响教学能力提高。

此外，精神文化与物质文化的不济，会导致教师职业教学能力失去发展的条件与环境，不仅会影响高职人才的培养工作，而且会影响教师教学能力的形成与发展，需引起足够的重视。

第三节 我国高职教师教学能力状况的社会归因

高职教师教学能力状况的社会归因主要是指社会环境归因。整个社会的教育环境是教师职业发展中最重要的外部环境，教师的职业发展很大程度上依赖于外部环境因素。社会地位、职业声望、经济待遇、社会认可程度等方面的因素决定着教师的职业愿望与专业态度。

一、社会地位

教师是社会体系中的一员，教师的发展必须适应一定社会环境的特殊要求，也必然受到社会环境因素的制约。改革开放以来，我国尊师重教的舆论氛围日益浓厚，教师地位日渐提高，在有些地方，教师成为让人艳羡的职业。这是推动教师专业发展的有利因素，但在主旋律的背后也有一些不和谐的音符。

在整个教育体系中，中国职业教育发展是薄弱环节。因为中国的职业教育起步比较晚，在发展中还存在一些问题，如传统的从高等教育中派生出来的职业学院，其课程体系、教学方法跟传统的高等教育非常接近，并不能完善地解决学生的职业技能问题，因而其教学质量难以被社会认可，再加上"农耕文化"和"学而优则仕"等传统观念的影响，职业教育还没有彻底被社会正确认识和理解。所以一直以来，职业教育并不被大众广泛接受，一直扮演着高等教育的补充者的角色。招生难、师资力量匮乏、政策支持不到位等，都是职业教育发展面临的阻碍。

教师职业专业化发展的积极性在很大程度上依赖于社会的舆论定位。美国、日本等发达国家为了提高教师地位，在教师职业专业化方面采取了一系列制度化的管理措施，主要从学历制度、专业资格证书制度、考核制度、进修制度、工资制度等方面进行了严格的规定，规范了教师的职业行为，提高了教师的社会地位和从业人员的专业素质水平，逐步扭转了"师道不尊"的社会风气，使教师成为社会上较受人尊崇的热门职业之一。我国目前教师职业专业化水平还不是很高，相关规章制度虽有改善，但有待进一步的完善。

二、职业声望

职业声望是社会舆论对某一职业的意义、价值与声誉的综合评价，反映着一个社会对一定职业评价的高低，进而决定着人们对这一职业的肯定或否定、尊重或轻视的态度。这种社会评价虽带有强烈的主观性，但通过评价所显示的职业声望体现了等级性。中国传统文化底蕴，使得我国自古就有尊师重教的美德，但随着经济的发展，教师职业声望亦受到冲击。

随着独生子女的日益增多，家长对于孩子的溺爱等因素，使得教师受到不公正对待的事件间或发生。除此之外，一些教师职业道德水平的下滑对教师的职业声望也产生一定的影响。职业道德是工作人员从事某一职业时必须遵守的行为规范与准则，它是该职业得以顺利完成社会赋予其任务的保证。教师职业以育人为天职，应当为人师表、以身作则。但目前，少数教师职业道德水平有滑坡的趋势，有损教师的师德，损害教师的形象，同时也直接影响教师的职业声望。

三、经济地位

目前，在高等教育系统内部，预算内财政拨款分配存在着不均衡现象，高职教育所占份额较小。

根据马斯洛的需要层次理论，教师通常首先考虑的是基于自身的生存需要的经济利益；同时教师作为经济人，自利是人的本能，追求着个人利益的最大化。有学者认为，只有教师经济待遇提高了，社会舆论对于教师的评价提高了，教师专业发展才会由理想变为现实。因此，建议政府调整对高职教育的财政投入，制定高职院校拓宽经费筹措渠道的措施，允许高职院校通过广泛开展面向社会的服务来获取更多的经费，以逐步提高教师的收入水平，从而吸引人才，稳定教师队伍，提高教师的教学热情，体现教师价值。

总之，教师地位的判断标准主要从经济状况、社会状况、教师自身等方面展开。如果教师各方面的待遇与其作为专业人员的身份不相称，就会减弱人们对于教师职业的期待，使得教师职业缺乏吸引力，高学历人才很难留住，使得社会对教师不够尊重，教师从教士气不高，职业的自我实现和成就感降低，从而影响整体教学效果。

第四节　我国高职教师教学能力状况的制度归因

高职教育经过多年的实践，已经发展成为一种重要的教育类型。但在发展过程中，出现了以规模扩张为主旨的跨越式发展所产生的负面影响，如内部组织机构失衡、管理体制机制不健全、资源配置不合理、对人才培养质量不重视等问题，已成为新形势下高职院校发展中的主要问题。这些问题的发生，一定程度上缘于有关制度的滞后与缺失，以及政策未能有效落实。

一、有关制度的滞后与缺失

教师个人发展、专业发展、教学发展、组织发展和共同体发展皆处于制度发展所创设的环境之中，这种环境不仅指学校这个组织环境，而且指宏观的社会环境。对我国高职教师教学能力发展而言，既要积极发挥高职院校和高职教师的自主作用，又要建立有助于教师教学能力发展实施的外部组织环境，营造良好的教学、科研和社会服务条件，并在制度体系上予以保障落实，这样才能实现教师教学能力真正发展。

（一）有关制度的滞后

我国的高等教育制度虽在几十年的改革开放过程中进行了多方面卓有成效的改革，但在从计划经济向市场经济转轨过程中，相对于我国经济高速发展的水平，高等教育体制及其制度建设相对滞后。

1. 制度创新机制的滞后

制度建设是一个制定制度、执行制度并在实践中检验和完善制度的动态过程。制度具有时效性，需要不断改革、完善和创新。目前，我国高职教师发展缺乏制度本身的创新机制，没有建立对制度的管理、监督与评价机制，没有形成制度建设的长效机制和制度文化,这对高职教师发展的与时俱进非常不利,影响高职教师发展。

2. 教育制度更新的滞后

我国高职教师发展制度有很多,但其实施效果不尽如人意,这缘于制度不能与时俱进。如教师队伍建设制度、教育教学评价制度、教师培养制度、教师资格证制度、教师岗位聘任制度、教师流动交流制度、教师参与学校管理制度等都存在着不能及时更新的问题,不能完全满足高职教育发展的现实需要,也不能适应经济发展的要求。

因此,在影响高职教师发展的问题上,教师自身与学校应该担当责任,但也需要政府的重视和支持,没有政府的主导,职业教育很难有可持续性的发展,因为职业教育具有很强的公益性。

(二)有关制度的缺失

除相关教育制度更新的滞后外,有关制度的缺失是影响我国高职教师教学能力发展的原因之一。

1. **教师教学能力发展组织制度缺失**

教学能力的发展依托于一定的组织环境,组织的发展能为教师教学能力发展提供有力的环境保障。目前,高职教师的职前教育还没有专门的高等教育机构来完成。我国虽然有一些独立设置的职业技术师范学院,但其培养目标多定位在中职教师的培养上,无论是从专业面的广度还是深度上,与高职教师培养还有一定距离。高职教师在职后的发展也不容乐观。我国多数高职院校都没有建立教师发展的专门组织,即便有一定的教师发展机构,也大多只是一种形式存在,没有相应的制度机制来保障。如果没有学校层面的教师教学能力发展组织,很大程度上就会影响教师对理论知识的实践深化和对实践知识的理论提升,教师的教学能力发展自然就受到限制。

2. **教师教学能力发展保障体系缺失**

教师作为学校的人力资本,同样在追求人的自我发展、自我完善过程中需要不同程度、不同形式的激励。目前,在一些高职院校,教师的分配、激励、评价与保障措施不能很好地保障教师发展需求。如教师晋升与薪酬,教师考核、奖励与评价,教师住房条件、医疗保障与福利待遇等。如何建立区域视域下高职院校合作平台,实行校际、地区间学校的帮扶,如何实现资源的战略整合与共享,使人才培养上由"孤军奋战"变为"集团作战",只有靠政府制定政策和制度才能实现。

3.教师教学能力发展环境缺失

我国高职教育在理论探索和政策规范中,已逐步明确了实行以校企合作、工学结合为基础的人才培养模式。但在现实环境下,这些模式往往成为高职院校一厢情愿的事情,难以进行深度和广泛地展开。这是因为高职院校校企合作与社会服务缺乏制度保障,导致在一些高职院校教师开展工学结合、产教融合的实践流于形式,在企业中顶岗培训、在生产实践中提升技能的道路不畅,教师下基层、下企业、走市场较少,不得不演化出了"伪校企结合"现象。高职院校校企合作制度需要国家政策的配套支持,需要兼顾各参与主体的利益才能真正发挥作用。

二、政策未能有效落实

教育政策作为一种公共政策,是社会利益和要求的集中反映。我国高职教育的系列政策在促进高职教育兴起的同时,也存在一些问题,其中主要是执行效度问题。

(一)高职教育共同体疏离

高职教育共同体是指与高职教育的运行存在相关关系而结合在一起的统一整体,如决策层、研究层和执行层等。这些相关体具有相对独立性,各自的目的和利益追求也存在差异性,因而导致政策有效性降低。因此,如果高职教育政策的制定和实施没有充分地考虑其系统整体性和相关因素的相对独立性,则无法得到真正的贯彻执行。

(二)高职教育政策效力不足

高职教育政策自身的缺陷导致了政策效力不足。首先,高职教育政策缺乏完备性。如高职教育投入政策,前几年国家只是提出了抽象式的口号,近几年虽然出台了一些措施,规定了政府职责和可操作性指标,但这些政策措施还有待具体落实。其次,一些高职教育政策缺乏科学性。有的政策虽然考虑到市场经济发展的客观要求,但缺乏对当时高职教育发展现状和学生结构的考虑和兼顾,因而执行效度降低。

（三）高职教育政策执行不力

高职教育在整个高等教育体系中处于较弱势的地位，人们对于高职教育的重视还仅仅停留在对有关国家政策的宣讲与解读上，对高职教育政策执行缺乏热情，导致政策执行效能降低。

（四）高职教育政策执行监管不到位

目前，高职教育政策执行缺乏明确的监督和奖惩机制。如政策发布后无实施效果的检查，即使有检查也多是看材料、听汇报。政策执行后也没有严格监督，政策的执行和不执行没有强制性的奖惩措施。这些损害了政策的严肃性和权威性，导致政策实施过程中出现应付差事。

第九章　高职教师教学能力发展

第一节　国内外高职教师教学能力发展制度

教师发展是在一定的制度环境中进行的，个人发展、教学发展、教学组织发展及其共同体发展皆包容在制度发展所创设的环境之中。教师发展主要是指教学能力发展，教师发展制度环境决定了教学能力发展的深度与广度，决定了教学能力发展的方向与质量。

20世纪50年代以来，教师发展已逐渐被视为教育改革的中心和核心要素，甚至被视为"学校与教学革新的心脏，能最大限度地重建和振兴一个国家的教育希望"。重视教师发展成为当时发达国家教育改革重要趋势，重视教师发展研究也成为各国学者的共同意识与普遍愿望，且形成了一种美国、英国领先，其他国家紧追不放的教师发展研究格局。即使到了21世纪的现在，欧美国家也十分重视高校教师发展，发展方式十分灵活，并通过了教育立法，高校教师发展制度已实现了法律化。

一、高职教师教学能力发展制度及其理论基础

教师教学能力发展制度是教师队伍建设制度的重要内容，也是教师发展制度的具体体现。通过教师发展制度的研究与实施，一方面可为教师教学能力提高、教师专业发展提供制度参考；另一方面也能促进教师发展进入正常化轨道，为教师发展工作指明方向。

（一）高职教师教学能力发展制度释义

1. 高职教师发展

教师发展是指以教师为主体，通过各种途径、方式的理论学习与实践，使其专业化水平持续提高，以达到能适应教师专业化工作的目标。

高职教师发展是指高职教师内在能力的增长，教师科研、教学、社会服务水平和质量的提高，教师向更加优秀、更为杰出的研究者、教学者和专业人员的变化。目前，高职教师发展主要强调教学能力发展。

2. 高职教师教学能力发展

高职教师教学能力发展是指通过理论学习、教学实践及其他各种方式的继续教育，促进教师教学素质、知识结构、教学技能、专业精神的持续提高。高职教师教学能力发展既是教师专业化发展的重要组成部分，也是教师发展的重要内容；既是教师教学自我完善和自我提高的表现，也是促进教学质量提升、实现高职人才培养质量的保障。

高职教师教学能力发展并不是一个短期的简单过渡行为，而是从教学"新手"向"专家"型教师转变的长期发展过程。教学能力发展需要教师在教学实践中不断总结和提高，需要社会、学校及教师个人多方面的努力来逐步实现。

3. 高职教师教学能力发展制度

高职教师教学能力发展制度是由国家或组织层面，为促进教师教学能力不断发展而制定的具有法规性或指导性的系列规章制度。这些制度既是教师职业化、专业化及教师教学能力发展的制度，也是促进人才培养质量提高、实现高职学校健康和可持续发展的办学制度；既能够为高职教师教学能力发展指明方向，也能激励教师为实现自己的目标而不断努力。

（二）高职教师教学能力发展制度的理论基础

高职教师教学能力发展由多个理论基础支撑，其中，终身教育理念、教师专业发展理论、多元智能理论、学习动机理论等对高职教师教学能力发展制度的实现有重要的启示。

1. 终身教育理念

法国教育家保罗·朗格朗在其1970年出版的《终身教育引论》中指出："终身教育是完全意义上的教育，它包括了教育的所有各个方面、各项内容、从一个人出生那一刻起一直到生命终结时为止的不间断发展，包括了教育发展各阶段各个关头之间的有机的联系。只有通过不断的努力学习和研究，人才会有更大的潜在可能性去有效地迎接他一生中遇到的各种挑战。"

终身教育理念下的高校教师教学能力培养和发展无法一蹴而就，无法一朝一夕速成，是一个贯穿教师教学生涯的长期的、持续的过程，是在外因和内因作用下的不断积累。

与终身教育理念相关的理论主要包括成人学习理论、自主学习理论和协作学习理论。教师属于成人，积累了丰富的知识经验，具有较强的学习能力和自我价值观，具有相互协作与团队合作的精神，这些都是教学能力持续发展的基础，也是教师取得终身教育成效的保障。

2. 教师专业发展理论

教师专业发展理论是一种以探讨教师在历经职前、入职、在职以及离职的整个教学生涯发展过程中所呈现的阶段性发展规律为主旨的理论。教师专业发展主要是教师个体在教学水平上不断提高的过程，也就是教师提高专业精神、专业知识、专业能力，更新教育观念，从一个成长阶段不断进入更高成长阶段的过程。如伯林纳从教师教学专长发展出发，将教师教学分为五个阶段：新手教师、熟练新手教师、胜任型教师、业务精干型教师、专家型教师。

教师专业发展的核心内容是教学能力发展，教师专业发展理论为教师教学能力专题培训机制提供理论和方法指导。

3. 多元智能理论

1983年，美国心理学家霍华德·加德纳教授在其著作《智能的结构》一书中提出了多元智能理论，认为人类的智能至少应该包括以下几种类型：语言智能、逻辑数理智能、视觉空间智能、音乐节奏智能、身体运动智能、人际交往智能、自我认识智能、技能智能等。

多元智能理论启示高校教师教学能力是多维、多层的综合性能力结构，高职教师教学能力发展及其制度也应是多元、全面的。

4. 学习动机理论

动机是对所有引起、支配和维持生理和心理活动的动力倾向。学习动机是指能够直接推动学习者进行学习活动的内部动力，一般分为内部动机和外部动机。学习固然需要兴趣等内部动力，但外部诱因有利于激发和维系学习活动。学习动机理论包括强化理论、人本主义的需求理论、认知心理学的成就动机理论和归罪理论、社会学习论的期望价值、班杜拉的自我效能感理论、马斯洛的需求理论等。

学习动机理论启示教师教学能力发展策略要关注教师的自我效能感和需求，综合使用多种有效的外部机制，更好地激发教师对教学能力提升的内部动机。

二、国内外高校教师发展制度

（一）国外高校教师发展制度

第二次世界大战后，一些国家通过立法形式建立了具有本国特色的高校教师发展制度。这一方面为教师专业的发展提供了法律依据，另一方面将教师培训工作纳入了法制化轨道。

美国《高等教育法》规定资助的主要项目之一就是用于继续教育，使未达到规定学历标准的教师通过在职培训达到标准，并明确规定加强教师的在职进修，提出了改善教师职前培训和在职进修的建议。美国高校也十分重视教师的培训提高，建立了各种旨在帮助提高教师水平的教学培训计划。如哈佛大学曾出台培训新教师的规定，要求学校所有的学院和教学项目必须开发培训计划，对新教师的教学技能进行专项培训；耶鲁大学则根据新教师的专业进行不同的培训。

英国明确规定高等学校教师具有接受在职培训的权利和义务，并出台了一系列的法律法规来保障高校教师职前培养的顺利进行。如1991年，教育和科学部发布了《英格兰和威尔士以学校为基地的职前师资培养》报告；1992年，教育和科学部在《教师职前培养改革》中提出了27条教师基本技能及其对各项技能的鉴定方法，操作性较强；1998年，教育与就业部发布了《教学：高地位、高标准、职前教师培养课程的要求》文件，规定了授予资格证书的标准以及关于职前教师培养课程的要求等内容；2002年发布的《英国合格教师专业标准与教师职前培训要求》旨在提高教师的专业标准。

2002年，澳大利亚政府发布《一种值得关注的道德——对新教师的有效计划》，其中用"职业经历"代替了"实习"，把"职前经历"纳入整个职前培养计划中，并且在不同的学校环境和学生群体中进行"职业经历"训练，在指导者和教育者之间建立了合作伙伴关系。一方面，学校指导者具体指导教师的专业实践；另一方面，高校教育者在某一阶段的"职业经历"结束后，通过研讨会等形式引导教师反思自己在实践中出现的问题，反思的结果是继续学习的起点。

印度也极其重视教师发展培训工作。1978年印度的一份政策性文件《教师教育课程：一种框架》指出：教师专业发展必须置身于社会生活环境之中，通过能动的交互作用，不断地拓宽视野，从而培养出具有责任感和强烈社会意识的教师。印度在1985年的《全国教师委员会报告》、1986年的《国家教育政策》中确定了教师专业发展计划，公布了教师在职培训行为纲领，分析了教师在职培训的必要性，尤其是对教师的使命和教师专业发展的内容都有明确的规定。1998年，印度全国教师教育委员会制定了新的教师专业发展框架。

选送教师到国内外进修或攻读更高学位已是一些国家普遍采取的教师发展形势。如在韩国，大学教师工作满10年就可以到国外作为访问学者休息1年，促进高校的国际交流活动；德国也明确规定每个职教教师应每隔一段时间下企业实习；英国兰卡斯特大学教师发展培训委员会每年要召开5次会议，确定教师发展方向、制定政策措施，每年发布3次教师培训计划。

此外，欧美国家对大学教师聘用有完善的制度体系，如美国对已取得终身教职的教授每5年要重新审核一次。德国对除教授之外的其他大学教师都有任期规定。法国助教是由学院（系）规定任期。英国也对一般讲师规定有任期制。

（二）我国高校教师发展制度

《中华人民共和国教师法》《中华人民共和国高等教育法》《中华人民共和国职业教育法》等为我国高等院校教师教学能力培养提供了宏观的法律保障。

《中华人民共和国教师法》第十条规定：国家实行教师资格制度。中国公民凡遵守宪法和法律，热爱教育事业，具有良好的思想品德，具备本法规定的学历或者经国家教师资格考试合格，有教育教学能力，经认定合格的，可以取得教师资格。

《中华人民共和国职业教育法》第三条规定：职业教育是与普通教育具有同等重要地位的教育类型，是国民教育体系和人力资源开发的重要组成部分，是培养多样化人才、传承技术技能、促进就业创业的重要途径。

2016年发布的《教育部 财政部关于实施职业院校教师素质提高计划（2017—2020年）的意见》指出：2017—2020年，组织职业院校教师校长分层分类参加国家级培训，带动地方有计划、分步骤实施五年一周期的教师全员培训，提高教师"双师"素质和校长办学治校能力；支持开展中职、高职、应用型高校教师团队研修和协同创新，创建一批中高职教师专业技能创新示范团队；推进教师和企业人员双向交流合作，建立教师到企业实践和企业人才到学校兼职任教常态化机制，通过示范引领、创新机制、重点推进、以点带面，切实提升职业院校教师队伍整体素质和建设水平，加快建成一支师德高尚、素质优良、技艺精湛、结构合理、专兼结合的高素质专业化的"双师型"教师队伍。

2021年发布的《教育部 财政部关于实施职业院校教师素质提高计划（2021—2025年）的通知》指出：以习近平新时代中国特色社会主义思想为指导，贯彻党的十九大和十九届二中、三中、四中、五中全会精神，牢固树立新发展理念，落实立德树人根本任务，深化产教融合、校企合作，突出"双师型"教师个体成长和"双师型"教学团队建设相结合，兼顾公共基础课程教师队伍建设，着力提升教师思想政治素质和师德素养，提高教师教育教学能力，努力造就一支师德高尚、技艺精湛、专兼结合、充满活力的高素质"双师型"教师队伍，推动职业教育高质量发展。

通知指出，实施职业院校教师素质提高计划的重点任务如下：优化完善教师培训内容（包括落实立德树人根本任务、对接新标准更新知识技能、强化提升教育教学能力），健全教师精准培训机制（包括创新教师培训形式、健全校企合作机制），健全教师发展支持体系（包括打造高水平教师培训基地、锻造高素质专业化培训者团队、推进培训资源共建共享），强化日常管理和考核（包括强化监督管理、健全考核评价机制）。

2021年发布的《教育部等六部门关于加强新时代高校教师队伍建设改革的指导意见》指出：高校要健全教师发展体系，完善教师发展培训制度、保障制度、激励制度和督导制度，营造有利于教师可持续发展的良性环境。积极应对新科技对人才培养的挑战，提升教师运用信息技术改进教学的能力。鼓励支持高校教师进行国内外访学研修，参与国际交流合作。继续实施高校青年教师示范性培训项目、高职教师教学创新团队建设项目。探索教师培训学分管理，将培训学分纳入教师考核内容。

随着我国社会和教育改革的发展，我国的教师发展制度还需要借鉴他国经验，不断加以完善。

第二节　高职教师教学能力发展制度体系

高职教师教学能力与个人主观努力、组织结构与过程机制有关，因此高职教师教学能力发展制度可以从个体、过程、组织三个层次进行分析。

一、基于个体发展的高职教师教学能力发展制度

教师个体发展包括个性心理发展、能力素质培养和发展特质的塑造。基于教师个体层面的教学能力发展制度，是从教师自身或内在的角度出发，有效促进教师心理、能力和性格等方面的发展，激发其内在潜能，提升其内在品质，提高其教育教学能力与水平。

（一）以提升教学能力为核心的继续教育制度

高职院校应始终坚持以教师发展为本、以提升教师教学能力为中心的教师队伍建设理念，制定切实有效的促进教师成长与发展的继续教育制度。这些制度主要包括如下几个方面。

1. 建立学习型组织制度

"学习型组织理论"是 20 世纪 90 年代以来兴起的新型管理学理论，被誉为"一场管理学的革命"。建立学习型组织，树立终身学习的意识，是当今世界教育改革和发展的共同趋势。

美国麻省理工学院博士彼得·圣吉在他所著的《第五项修炼》中指出，学习型组织是这么一种组织，"在其中，大家可以不断突破自己的能力上限，创造真心向往的结果，培养全新的、前瞻而开阔的思考方式，全力实现共同的抱负，以及不断地一起学习如何共同学习"。英国教育学者索斯沃斯在 1994 年发表了一篇《学习型学校》（*The Learning School*）的论文，文中指出"学习型学校"应具备下列特征：重视学生的学习活动；教师应该不断学习；鼓励教师和其他同事合作或相互学习；学校是学习系统的组织；学校领导者是学习的领导者。

学习型组织理论将学校视为一个整体，强调了教师终身学习与学校整体发展的关系，鼓励教师相互学习，形成一种自觉学习和主动学习的组织氛围。学校在建构学习型组织的过程中，要注意以下几点：①组织应为组织内的成员创造各种各样的学习机会。②组织应促进组织内成员关于持续不断的学习的探究与对话。③组织内要强调合作与团队学习，发挥集体的巨大力量。④组织要有一系列的学习和分享系统，让成员经常了解自己的学习成果。⑤组织应鼓励成员的个人发展，组织的发展以个人的发展为前提。⑥组织应促使成员迈向共同愿景。⑦组织应增进与外界环境的结合。

2. 完善继续教育制度

应对知识时代的挑战，人类给出的答案就是变革我们的学习内容和方式，其

中最重要的是学会学习和持续不断地进行终身学习。

一直以来，人们对学校的关心一直放在学生的学习成绩和综合素质上，忽略了教师的学习。其实，教师在教育学生的同时，更应该时更新自己的知识。有道是"问渠哪得清如许，为有源头活水来"，教师的知识不应该是一成不变的，应该能够不断跟上时代前进的步伐，汲取一切对自己、对社会、对培养一代新人有益的知识。因此，要形成教师职业培训常态机制，积极构建以提升学习能力为核心、功能互补、相互促进、目标多元、实效显著的教师继续教育制度和终身学习制度，特别是教师在职培训制度。

在目前推行的教师岗前培训与岗后继续教育制度实践中，仍存在一些问题。如教师岗前培训不合理，重形式考察，重学历教育，重专业知识培训，而忽视教师教学实践，轻视教师专业素养发展。重短期的培训效果，缺乏长期的培养规划。培训方式一刀切，无法满足各学科教师的差异化要求。培训效果的评价指标也较为单一。总体说来，目前对高校教师的培训大多是短期的、临时性的，缺乏系统性，较大程度上阻碍了高校教师教学能力的提升。

（二）以自由为宗旨的教学学术发展制度

教学是一种学术，教学能力发展取决于教学学术思想火花的碰撞和凝聚，取决于教学学术自由精神为教师提供的思想源泉和精神动力。教学学术包含两种不同但却彼此交织、相辅相成的活动：学术性的教学与教学的学术化。现代教学实践的开展应建立在已有教学学术成果的基础之上，即开展学术性教学。首先，传统意义上的教学往往仅凭个人实践智慧，并通过大量教学实践缓慢形成个体教学专家知识。现代意义上的教学即学术性教学，是在有意识地学习、借鉴和应用已有教学学术成果的基础上，通过反思、观察、交流、分析、选择等教学研究过程，有目的地设计、实施、评价和改进教学，从而使教学学术成为教学活动得以科学有效实施的内在基础，教学活动本身也就成为教师施展教学学术的主阵地。其次，教学学术理论的生成建立在教学实践活动的基础之上，即开展教学的学术化研究，是建立在对教学实践活动的反思、提升与抽象基础上的，是通过与实践的对话不断发展的。

教师不是机器，教师应有自己的课堂，教师教学不能按别人规定好的模式去做，应体现教学学术自由的境界。建立完善的教学学术制度，是鼓励教师在自由氛围中进行教学理性思考和研究，并在开放环境中实现教学创新和发展的重要保障。高职院校必须真正建立以自由为宗旨的教学学术制度，充分保护和弘扬教学学术自由的发展理念和氛围，使教师在教学学术自由、兼容并包的制度环境下，拓展思维，改革创新，发挥潜能，形成自己的教学特色，提升多样化的教学能力。

（三）实现以满足发展为理念的相机抉择制度

相机抉择制度是指组织在进行需求管理时，可以根据现实的情况，机动地决定和选择当前究竟应采取哪些政策措施。对于企业而言，在任何市场中，都存在相对静止的时期。任何一个系统，在每一个给定时点上充分利用可能达到的最佳优势，也许在长期情况不如一个没有在给定时点上这么做的系统，后者没有这么做也许是取得长期业绩水平或速度的条件。这句话的意思是说，给定时点上社会资源最优分配的静止效率，远不如获得长期增长和技术提高的动态效率重要。对于个人而言，在静态的游戏中，人们总愿意处在防守地位上，把放弃以前的知识、专业技术、生产程序和产品看作冒险的事情。静态游戏中的这种防御性竞争所反映的思想是控制住现有的领域就是最大的财富。现在的竞争优势已经转变为是否有能力进行快速的反应和改变，灵活和相机抉择是取得生存机会的关键。

教师个体发展具有动态变化的本质，多样化发展方式是高职教师发展的必然选择。如今，我国现有的教师发展带有一定的局限性，教师的优势资源很难得到充分发挥和利用。这种静态的竞争优势只能在一段时期内产生效用，而不能将其转化为长期的、动态的竞争优势。这种试图为将来可能发生变化的所有事情都制定出一个相应的计划的想法显然是不现实的，试图为教师的将来制定出一个统一的发展程式显然是徒劳的，这种静止不变或一劳永逸的思想也是极其有害的。相反，直接采取主动，不断摸索，边干边看，往往能产生最好的效果，最大程度地发挥教师潜在的核心竞争力和创新精神。作为学校组织，要摒弃防守型和防御性竞争思想，以开放的姿态，鼓励教师接受新事物、新挑战，培养机动灵活和快速反应的特质。为此，学校要建立相机抉择制度，使教师个体资源在有限时空里获得最佳优势，实现择机发展、相机发展、最优发展和全面发展，继而推动教师个性成长与教学能力的提升。

（四）以有效激励为原则的权益保障制度

教师权益是指教师能够做出或不做出一定行为，以及要求他人相应做出或不做出一定行为的许可和保障，并为法律所确认、设定和保护。建立以有效激励为原则的教师权益保障制度，是提升教师教学能力的重要措施，是提高教师教学积极性的重要保障，是促进无形资产转变为现实社会生产力的有效手段。

高职院校应对教师建立完善的激励约束机制。①按岗定薪、按质定价。按照人力资本产权特征，岗位薪资标准的设计实行市场化原则。在工资分配制度改革中要真正承认人才产权，要将人才的科技创新、教育投资成本和工作绩效等因素的贡献在工资分配中予以合理支付，同时考虑人才产权的市场价格，提倡一流人才、一流业绩、一流报酬，使教师的待遇既能反映人才的价值又能反映人才市场供求变化的状况。②改革创新聘任制，将任期制和终身制相结合。应该变终身聘任制，为一定期限的聘任制，任期结束，根据表现做出是否续聘的选择，当受聘教授在聘任期内，或是学术成果显著，或是在教学、科研、服务、人际关系等各方面表现突出，可将其聘为终身教授。③配合使用正负激励、物质激励与精神激励相结合。使用正负激励可以有效地调动教师工作的积极性，学校应把握教师发展的动态，积极寻求促进教师发展的激励因素，为满足其需求的增长要不断提高激励的层次，无形中增加了激励成本，因此要适当采用一些负激励，如批评、罚金、降职和优胜劣汰、竞争上岗等。负激励主要表现为一种区别于物质的精神和荣誉惩戒，能使教师感到一种优胜劣汰的精神压力，从而激发教师特有的自尊、自信以及要求尊重和努力成功的品质，进而主动自觉地提升教学能力。同时运用物质激励与精神激励相结合的方式，如通过树立教学榜样、教学能手、科研骨干等正面典型，从精神层面上、情感层面上对教师进行引导，使其与学校产生价值观认同感、自我价值体现以及成就感。通过实施考核评估制度，对教师的个人能力进行合理定位，树立榜样激励法，在教师群体中建立严格的竞争机制。④建立公平分配制度。亚当斯的公平理论认为，员工受激励程度的大小源于其自己和参照对象之间的报酬与投入的比例的一个主观比较。建立一种按岗定薪、按质定价、内外部公平并与教师岗位、绩效紧密挂钩的灵活分配制度，以及不论资排辈、不任人唯亲，而只唯能力和绩效的教师职称晋升制度，能有效提高教师教学积极性和教学能力。

二、基于过程发展的高职教师教学能力发展制度

在高职教师教学能力发展的一般模型中，过程发展包括教学、教研和社会服务过程的发展。基于过程发展层面的教师教学能力发展制度构建，是指教师在教学、教研和专业社会服务过程中，学校组织以合理化的制度作为保障，最大限度地激发教师教学工作热情和积极性，实现教师在职业过程中教学能力的形成与发展。

（一）以人才培养为中心的教学发展制度

1. 以教育教学为中心的办学制度

目前，创业、经商、公司成为一些高职院校的主流，教学状况和人才培养质量往往放在次要位置。对教学能力或教学质量与效果的考核在许多高职院校已成为一种形式，教育教学与教学研究成果在许多高职院校不是硬通货而只被看作软成果，不能登大雅之堂。这种排斥教学甚至压制教学的现象已经对一些高职院校的教风学风产生了巨大伤害，已经对教育教学质量和人才培养产生了严重的负面影响。因此，高职院校要真正在制度层面落实"人才培养是高职学校的首要社会职能"，体现教学工作和人才培养在学校工作中的中心地位。

提高教学质量是学校永恒的课题。坚持以教学为中心，能提高教师地位和教学的积极性，进而促进人才培养质量的提高，提升教师教学水平。强调以教学为中心的办学制度，意在回归教育的本真和本质追求，重视教师和教学，并围绕教学这个中心，制定相应的教学管理制度，如课堂教学工作制度、日常教学管理制度、教学辅导制度、教学工作检查制度、教学督导评价制度等，以加强教师教学过程、教学质量和人才培养效果的管理、督导和评价，促进在教学过程中教师教学能力的提升。

2. 适应社会需求的人才培养制度

在新世纪培养高素质技能型人才，是一场深刻的教育改革。这场改革是一个端正教育思想、更新教育观念、优化教育目标、改变人才培养模式的过程，而转变教育观念则是整个改革的先导。因此，要真正建立适应社会需求的人才培养制度，实现从培养"作为'工具'的人"向培养"作为真正自由的人"的转变，以满足新世纪社会需要，适应人的全面综合素质的完善和发展。

（二）促进教学创新的科研工作制度

大学作为孕育创新成果的摇篮，必须依靠教师本着不断开拓创新的精神投入教学科学研究中去。高职教师不仅要传授传统知识，而且要通过教学研究，发展教学学术，提升教学效果，向学者型、研究型、专家型的教师发展。

1. 创新科研管理模式，提供资金与条件支持

高职院校要积极鼓励教师进行教学创新研究，提供资金与条件支持，如对省部级教学研究项目，可减少项目经费的提取比例，使项目负责人对经费的使用有更大的支配权，可以用更多的资金投入研究中去，并为项目的申请、完成提供一

个更加灵活的环境和条件平台；要减少科研项目管理层次，使管理重心下移，加大各院系科研工作管理的自主权；鼓励各院系根据本单位实际，按程序自设研究机构、自设科研奖项等。

2. 启动专利基金，加强教研成果转化

增强具有自主产权的技术创新能力，提高科研与教研成果的转化率是目前教育领域迫切要解决的重要问题之一。因此高职院校一方面要全面扶持、鼓励广大教师获得重大科研与教研成果，对重大应用技术型成果予以专项重奖；另一方面，要设立科研专项基金，加强科研与教研创新成果转化应用工作，使科研、教研成果与教学实践和社会服务尽早结合，树立科研、教研成果的效益意识。

3. 积极组建跨学科专业科研机构，进一步活跃学术氛围

高职院校要发挥优势，积极组建跨学科专业科研机构，发挥教授、专家、学者的感召引导作用，由具有不同专业背景的科研人员组成的科研团队，根据科研的需要和趋势，不断吸收多学科专业的新思想、新方法，进一步活跃学术氛围，促进教师队伍整体素质的提升。

（三）以市场为导向的专业应用与社会服务制度

作为现代、开放型的高职院校，它与社会经济的发展、科技进步有着越来越密切的联系，也与地方经济发展、产业进步有着越来越密切的联系。高职教师应成为推进职业技术创新和高新技术产业发展的主导力量，高职院校通过高存量知识储备和高素质技能型教师，在社会实践过程中推广新成果、新工艺、新技术，并为企业和市场服务，已是教师成长和发展的有效途径。因此，高职院校应重视和建立以市场导向专业应用和社会服务制度，通过制度鼓励教师积极参与或主持工程设计施工，参与企业的营销策划和产品设计，参与社会培训和信息咨询等社会服务工作，促进教师产业研究、专业应用和职业教学技能的提高。

（四）以校企结合、工学结合为特色的职业教学制度

学校应成立工学结合指导和管理机构，如工学教师指导办公室，在校级层面上，统一协调解决校企合作过程中遇到的问题，并出台教师参加实践活动管理办法（最好是与合作企业共同制定），建立符合工学结合需要的激励考核制度以及项目评估和反馈体系。可采用如下具体做法：可采取每学期抽调一定比例的教师（特别是青年教师），让他们带着问题和项目轮流到企业进行实践锻炼，每年召

开学术年会，展示教师参与工学结合实践活动取得的研究成果，并组织评选和奖励；同时，在教师职务任用、职称评聘时，应突出考核其行业企业工作经历或社会服务经历。

学校可制定制度来保障教师参与实践。一是实行高职教师下企业实践的制度，有计划地安排专任教师到生产第一线进行专业实践训练，提高其专业实践能力和实践教学能力。如深圳职业技术学院明确规定，专任教师每年不少于15天的下企业实践，要求教师按照工学结合的理念"会教书"。二是鼓励支持教师开展应用技术研究工作，特别是和企业合作开展研究。研究为企业服务，既是提高教师学术水平的重要途径，也是校企合作的重要形式，还有利于教师了解所教专业在生产实践中应用了哪些新知识、新技能、新工艺和新方法，缩短教学和企业技术发展之间的距离。三是以校内实训室为主阵地，提高教师的实践能力。高职教师不仅要有一定深度与广度的学科知识与教育教学知识，而且要达到一定要求的实践水平。高职院校普遍都较重视实训室建设，应当把校内实训室作为很好的教师校本培训资源，要求教师承担实训室项目建设任务，通过在实训室的锻炼培养所需的实践能力。

三、基于组织发展的高职教师教学能力发展制度

在高职教师教学能力发展的制度模型中，学校组织发展日益成为影响高职教师教学能力发展的关键因素，组织的发展能为教师教学能力发展提供良好制度环境。要全面提升教师的教学能力必须从学校组织的宏观层面考虑，构建组织制度环境。

（一）倡导自治的现代高校制度

建立现代大学制度是当代社会发展到现代化阶段在高等教育领域提出的客观要求。现代大学制度的主要任务是把建立以大学自治为特征的、具有现代化教育和科学研究功能的大学作为目标，强调规范性和自主性相结合、统一性和多元化相结合，由一系列制度和法律规范相耦合起来的制度链和制度体系。

大学自治是指大学不受政府、社会组织或其他势力干预，实行独立办学。大学自治的主体应当是大学自身内部的力量，可以是校长、教师和学生，但不是国家、社会或学校以外的其他组织。大学治理的内容是高校内部的事项，主要包括学术上的自由和管理上的自主。大学自治的目标是学术自由。大学自治的目标是以学术自由为核心的大学精神的制度保障。但是，大学自治并不意味着摆脱政府

的干预或控制，大学自治的核心在于大学能够独立处理内部事务。在当代大学组织发展过程中，很大程度上忽略了"自治"的价值性，以致大学未曾真正意义上实现"独立"。

教育是神圣而崇高的，应充满理想和激情。大学作为探求高深知识的学术世界、追求人类进步文明的精神殿堂、包含灵性气息的智慧摇篮，需要一种理念和精神作为其支柱，这就是大学精神和理念。要培养这种精神和理念，就要创建组织环境与文化制度，以重塑大学文化，弘扬教育理念，发展专业精神。在目前情况下，这种组织文化主要是恢复教师价值与尊严，让教师在体面的工作和生活环境中自觉超越功利，远离市场铜臭，以实现教育精神的回归。要通过建立自治的现代大学制度，实现以和谐的理念、深邃的校园文化、向上的精神面貌为代表的教师做事方式、处事态度、文化理念的建设，促进教师创新能力提升和教师核心竞争力增强。

（二）倡导高校精神与文明的制度

精神、文化与文明制度既是高职院校校园文化的一个组成部分，也是现代高职院校制度建设的一个重要方面。当前高职院校管理模式正面临着向"精神文化模式"的转型，要实现这种转型，就需要进行"软性"文化制度的建设，需要大学精神、文化与文明的回归。

学校的组织文化包含着物质文化、制度文化和观念文化三个层面的内容。教师教学经验的总结与积累，教师教学习惯与特色的形成，教师精神面貌及其职业情绪，都受到学校组织制度文化的影响。学校组织的物质文化，包括其文化中各种存在和构成，如学校的整体环境，各种建筑物、教室、操场、实验室及各种象征物，甚至还包括教室的设计和安排，它们影响着教师的存在方式和活动方式，是教师专业活动的基础条件。学校组织的制度文化，包括组织中各种条例或规章制度、法律、行为规范等，以及学校在长期的教学过程中逐渐形成的风格或传统等。学校组织的观念文化，包括学校组织的特点、思想意识、价值观念等。这种观念文化常常无形却又无处不在，比较集中地体现了学校的教育价值观念，包括什么样的班级是一个好班级、怎样的教师是一个好教师、什么样的教学是一个好教学等。在学校组织观念文化中，对教师影响最大的是校风和学风。校风从价值观念和倾向上影响教师的发展，学风从专业水平和敬业精神上培育着教师的成长。

（三）推动交流激励的"N型组织"合作制度

20世纪90年代，有学者提出了"N型组织"的概念，如柔性化和扁平化组织、工作小组、工作团队、项目小组等。N型组织强调对整体的有效组织和优化，而不是简单多样化地产生独立的个体单元。

教师知识的专有性和专业性，决定了各项教学和科研活动需要拥有各种不同类型知识"专家"的共同协作和努力。教师N型组织合作制度是以不同教师的知识结构为背景，在共同的价值取向或目标下形成的一种合作组织。这种组织可集中教师资源，交流教学学术，促进教学发展和教师专业发展。N型组织强调关注教师个体差异，以便在组织内部激活成员的个体特质，促进个体背景知识交流和新思想的不断涌现。N型组织也强调相互沟通交流，并通过协作涌现新的知识和能力，从而在整体上提升教师教学能力。正如著名作家萧伯纳所说："你有一个苹果，我有一个苹果，我们彼此交换，每人还是一个苹果；你有一种思想，我有一种思想，我们彼此交换，每人可拥有两种思想。"教师通过N型组织有利于发现隐藏在知识背后的人或群体，关联所关注的主题的人及资源，建立基于相对一致的兴趣、关注点、需求而联结的学习共同体，有效促进知识共享和创新。

高职院校办学以教学工作为主线，以专业建设、课程建设、教材建设、实验及实践基地建设、教学研究等为重点，以推进教学改革、提高教学质量为主要任务。因此，高职院校可以以院、系、中心（所、室）等为建设单位，以教学、科研、企业和行业等各方面优势互补的专家、教师建构"N型组织"，通过优化整合组织资源、相互交流、互相研讨，促进教学改革与发展，促进教师教学能力提升和教学质量提高。

（四）优化资源配置的教师岗位与人事制度

高校教师岗位设置管理，就是构建精简高效的学校组织框架，并在此框架下对教师资源进行优化配置，充分调动教师的工作积极性和创造性，最大限度地发挥教师在人才培养、科学研究和社会服务中的作用。目前，高职院校两大主体（行政与教学）之一的教师及教学岗位设置，并未引起足够的重视，导致教师岗位管理缺乏约束机制，岗位聘任流于形式，不仅造成教师资源严重浪费，而且加剧了学校内部的不公平感，造成了严重的干群矛盾与管理危机。

优化资源配置的教师岗位与人事制度就是要打破目前按身份、资历或职称聘任岗位的情况，建立开放、竞争、灵活和动态的聘任制度，突出教师个人的专业水平以及教学和科研能力，实现教师竞争上岗。在新形势下，高职院校优化资源配置的教师岗位与人事制度包括：一是岗位设置制度，要求遵循合理规划、按需设岗、精简效能、责权分明原则；二是人岗匹配的聘任制度，即依据上级主管部门下达的岗位数及学校岗位设置实施招用聘用方案，引入竞争机制，严格招聘程序，公正公开公平竞争聘用；三是强化岗位管理制度，如动态管理、合约管理制度、责权分明原则、人才流失风险规避机制等。

第三节 高职教师教学能力发展的环境条件

教育领域是一个大环境，这一领域中的风气会引起教师心智活动和文化行为的变化。高职教师教学能力发展离不开一定的条件与环境，高职院校办学的现实逻辑是高职教师教学能力发展的客观条件，良好的教学实践环境是教师教学能力形成的主要舞台。

一、高职教师教学能力发展的个体条件

教师的教学活动不仅受心理素质的影响，还受心理活动的支配。高职教师教学能力形成与发展的个体条件主要是指教师内在心理条件。

1. 高职教师个体心智条件

教师内心的成熟、成长是教师成长最基础的问题，也是教师教学能力形成的前提条件。教师个体心智的成熟表现在以下几个方面。一是学会敞开胸怀。教师具有独立的人格与个性，大多背负着抱负与梦想，但现实中怀才不遇的寂寞与感伤，极易关闭他们敏感和脆弱的心灵之窗。其实，学会敞开胸怀，吸纳别人的关怀之情，无异于心理维生素的补充。二是学会放低自己。放低自己不是放低理想、抱负，放低自己是一种谦虚的思考方式，是一种从小事做起的心态。只要有了这种心态，才能避免因过高估计自己而使心灵遭受现实之伤，才能使自己在从零、从小、从低的行为姿态中容纳更多、变得更强、升得更高。三是学会认识自我。教师要有自我意识，学会认识自己。在日常行为中，要自尊、自爱、自信，切忌心高气傲、目空一切甚至目中无人；要谦虚谨慎，但也要避免自卑、羞怯、畏缩和低人一等的心理意识。对自己估计过高或过低，是两种极端自我的表现，已成为目前一些教师成长的最大障碍。四是学会正视矛盾。事事皆有矛盾，困难无处

不在。不能因矛盾而忧伤、愤怒、怨天尤人；不能因工作的困难和生活的不顺心如意就心灰意冷，冷眼旁观周围的一切。要学会正视现实矛盾，学会控制自己的情绪，让自己永远有一颗快乐成长之心。五是学会舍弃舍得。工作中，要学会"舍"，不能企盼全"得"。要知道某些方面的东西逐渐舍弃后，另一方面的东西也会悄悄临近。面对功利化的社会变迁，高职教师要学会超越，固守宁静，善于放弃，让大学精神与理念统领自己的精神世界。

2. 高职教师行为心理条件

教师教学能力的成长离不开其行为的个性心理特征，即个性行为品质的养成，这些个性行为品质包括以下几个方面。一是要勇于实践。实践出真知，实践能帮助教师认识理论、检验知识、体会过程。新时期的高职教育强烈需要教师大胆实践、大胆尝试与大胆创新。二是要勤于反思。学而不思则罔，对于教师教学工作和专业成长，不应忽视思考的作用和力量。在高职教育实践中，要从多角度、多形式反思自己的教学工作，并在反思中总结经验、发现问题、提高能力。三是要善于合作。团结就是力量，一个人的力量是有限的，而一个团队的力量却不可估量。团结能形成合作的力量、集体的力量。高职教育教学工作，是一个群体性行为，需要教师有合作的意识，需要在集体的智慧中实现人才的培养。四是要乐于学习。高职教师是学习力量强的一个群体，应该成为终身学习的榜样。愿意学习，乐于学习，有助于丰富学识，积累经验，提高能力。

3. 高职教师职业心理条件

教师职业发展缘于自觉与自知的情意，更缘于职业的态度与精神。要实现职业发展，必须培育职业心理条件。一是要树立正确态度。精神引领行为，态度决定一切。教师只有真正地认同自己的职业，热爱自己的岗位，才有可能把职业或岗位当作个人生命勃发与价值实现的载体，才能用心极致地做好工作，激发出对教育事业的热爱之情。二是要培育内生需求。一个人只有内生的需求与渴望，才能推动自己的成长进步。教师要有自己的内生需求，要有对教学工作的依恋与依赖之情，要培养自己内在的发展特质，逐步养成开拓创新的激情、成功与发展的欲望、成就的快感体验与自我激励的意识与品质。这些内生的需求与发展特质是推动教师成长与进步的动力之源。三是要培养职业素质。教师的职业素质是形成职业能力的基础。培养教师职业素质，就是要培养教师职业教育的理念与观念，培养教师职业理论知识和专业水平，培养教师职业教学与实践的技能，以及教师教学发展的特质，这些职业基本素质对教学能力的成长起着非常重要的作用。

4. 高职教师职业压力条件

人需要适时地增加压力，有了压力才能焕发斗志与勇气，加速自己的成长。高职教师目前面临的压力主要有以下几个方面。一是个人压力。表现之一是职称评聘的压力。职称评聘对教学科研提出了一定要求，形成了科研的压力。这种压力促进了教师对教学的研究，促进了教师积极参与专业建设与课程开发，从而提升了教学及教研的能力。表现之二是生存压力。高职教育越来越激烈的办学竞争，使高职院校面临生存与发展的危机，教师"铁饭碗"的打破也只是时间问题，这种生存与发展的压力将迫使学校进行改革，对教师教学能力也会提出更高的要求。二是校本压力。规模扩展后的高职院校正处在内涵建设时期，对教师教学及其能力提出了更高标准，形成了一定的工作压力。这些压力连同学校实施的竞争与激励机制，促进了教师对教学的重视，推动了教师教学能力的自觉提升。三是社会压力。教师生活在现实的社会环境之中，社会环境变化无时无刻不在影响教师的成长。如国家教育政策、社会对高职教育的认可和关注会影响教师对职业价值的认同；学生对专业报考的选择，毕业生就业的实际状况也会不同程度地影响教师教学的信心和力量；还有市场的诱惑，社会功利化的变迁对当今教师教育态度与专业精神已产生了重大的影响。

二、高职教师教学能力发展的学校环境条件

教师主要是在学校这个环境中成长的，是学校环境发展的产物。学校组织提供的教师健康成长氛围，是教师教学能力成长与发展必不可少的外在环境。

1. 正义与公平环境

学校组织作为一种教育环境，不仅影响学生的成长，也直接制约着教师的发展。教师的成长需要一个积极进取、充盈正气的组织环境，在这个环境里，要有浓厚的文化氛围、和谐的师生关系、正义的领导集体。如果教师在一个乌烟瘴气、管理混乱、不务正业、不重视业务的环境中开展教学，就会懒散、放纵，变得随波逐流，失去进取之心。同时，在这个环境里，还要有公正公平的机制与管理。教师在现实的环境中，有追求理想信念的价值取向，亦有各种实际利益的隐性期待。如果学校在经济待遇和政治地位方面缺乏对一线教师的尊重，侵害他们的利益，将会损害他们对专业价值的忠诚，使他们丧失对教育的责任与敬畏之情。

2. 信任与宽容环境

人非圣贤，孰能无过。作为管理者，不仅要对教师高标准、严要求，而且应

该有容人之短的胸怀和气度，正确对待教师的不足和错误，处处体现人文关怀，尽最大可能给予理解和宽容，让他们感受到被理解的慰藉，感受到组织宽容背后的期待，进而以积极的姿态弥补过失，改正错误，拨正航向。只有工作和生活在宽容的环境中，教师才能学会宽容，教师间才会有倾诉、沟通和交心，才会建立相互间良好的人际关系。宽容的背后是信任，信任是教师成长过程中的推进器。教师一旦被信任，就会变得自信，激发斗志和勇气，激发创造潜能，拥有进取的力量，就会敢于向困难挑战，勇于去解决问题。

3. 表扬与赏识环境

教师大多内心敏感和脆弱，极具自尊、自信以及要求尊重和努力成功的品质，热衷于追求精神的褒扬，荣誉感和自尊心极强，对物质奖励看得较淡。特别是工作中被他人认可、尊重和表扬是教师内心强烈的渴望，也会使教师备受鼓舞，长久铭记在心。表扬后还要赏识，被人赏识是人类的共性，赏识教育不仅适用于学生的教育，也适用于教师的成长。特别是对于青年教师，受人尊重的职业地位、幸福快乐的工作环境、工作上领导与同行的赞赏、教学上学生的肯定等都会激发其工作的积极性。因此学校管理者要创造表扬与赏识环境，也不要吝啬赏识性的表扬和鼓励；要有意识地去发现每一位教师的优点和长处，并适时给予真诚的表扬和赏识性的鼓励，让其在自信、被认可和被尊重中主动张扬个性，发扬优点，培育长处，逐步成长。

4. 自由与创新环境

自由并非无视规章制度，不受任何约束，放任自流，想干什么就干什么。教师的自由是在遵守一切规章制度，接受学校全程管理、监督和严格落实教学常规前提下，进行教学方法、教学模式的自由改革与创新。也就是说，在教学上，教师不一定非要循规蹈矩，按部就班，拘泥于常规，以固定程式和模式开展教育教学活动。教学无法，贵在得法，只要符合教育教学规律，有利于建构学生新旧知识体系，有利于培养学生综合能力，教师就应该被允许对教学内容和过程进行自由地简化、组合、创新和调节。更为重要的是，教师在完成教育教学及管理任务的同时还应拥有个人自主发展的空间，学校组织要提供教师自由支配的时间，让他们在不受外界干扰的情况下，能静下心来，对自己的教育教学活动进行归纳和梳理，对自己的知识资源进行总结和反思。

5. 文化与精神环境

众所周知，什么土壤长什么庄稼，什么环境就会造就什么样的人，"近朱者赤，近墨者黑""入芝兰之室，久而不闻其香；入鲍鱼之肆，久而不闻其臭"说的都是这个道理。学校不仅要有各种规范教师思想和行为的硬约束，还要有健康向上、积极进取、团结和谐、充盈正气的文化与精神软环境。

在这个环境里，文化氛围要浓厚，人际关系要融洽，要形成共同价值观。要将校风、教风、学风建设摆在重要位置，加强师德教风和学风的制度建设，完善师德教风和学风建设的激励和约束机制。

三、高职教师教学能力发展的社会环境条件

高职教师教学能力的发展离不开社会的现实逻辑，社会共同体的快速发展、市场企业的需求服务、人才流动环境的改善等外在的职业需求与愿景是教师教学能力形成的促进条件。

1. 尊重与信任职业教育的环境

教师都生活在一定的社会时代之中，时代的主旋律无时无刻不在对教师的人生及教育教学工作发生着影响。高职院校也还没有完全摆脱遭遇一些"歧视"的尴尬处境，一些考生把报考高等职业学校视为一种迫不得已的选择。出现这种现象的原因之一，是职业院校毕业生得不到应有的名分和实惠。社会对高职教育的认可和关注度影响了高职教师对职业价值与专业价值的认同，影响了教师对职业教育的信心和力量。

在改善教师的环境条件方面，各级政府和各高职院校都积极认真贯彻落实法律和政策的要求，大力改善教师的工作、学习和生活条件，实行优待教师的住房和其他社会福利方面的政策，使城市教职工家庭人均住房面积达到当地居民的平均水平；建立符合教育特点的工资制度和正常的工资增长机制，切实保证教师的工资水平随着国民收入的增长逐步提高；在贯彻按劳分配原则的基础上，实行各种校内津贴，对有突出贡献的学术带头人、骨干教师给予优酬重奖，克服平均主义、论资排辈的倾向。

2. 支持与重视职业技术的环境

《国务院关于大力发展职业教育的决定》指出：逐步提高生产服务一线技能人才，特别是高技能人才的社会地位和经济收入，实行优秀技能人才特殊奖励政策和激励办法。

20世纪60年代，"铁人"王进喜和掏粪工人时传祥等劳动模范广为人知，但近十几年来，越来越多的企业领导、名流大腕以及文体明星占据了大量新闻版

面，一线工人的宣传越来越少。各级政府应采取多种激励措施提高技能型人才的社会地位和声望，形成全社会尊重技能型人才、崇尚技术和技艺的良好风尚，扭转那种脱离社会实际需求、有碍民族昌盛的人才价值观念。

在利益保障方面，要通过大幅度提高技术技能型人才收入的方式吸引更多的年轻人进入高职院校学习。一些家长及高考学生之所以不愿意选择高职院校，一方面是因为在人才市场上，高职生与普通高校毕业生处于不公平的竞争状态，大部分高职生不仅要缴纳高额的学费，而且通常没有普通高校毕业生那样的"就业"优势；另一方面，政府频繁的提薪行为很少"惠顾"到在企业一线工作的高职毕业生，他们的收入与其辛勤的劳动付出往往不成正比。政府和社会各界只有切实采取措施，保障职业教育的学生毕业后享有较高的待遇，我们的高职教育才会越来越受欢迎，蓬勃发展的春天才会真正来临。

第四节 高职教师教学能力发展的政策建议

从整体上看，教师教学能力发展是一个系统工程，需要调动各种有效因素。从理论上说，国家、政府部门、行业企业、学校及教师个体都应该是教师教学能力发展的参与者和执行者，教师教学能力发展有赖于这些参与者的努力和相互合作。

一、建立、修改和完善相关法规制度

一般说来，国家制定的相关教育政策和法规制度对高职院校办学理念、办学行为的影响是巨大的，也会影响到教师教学能力的形成与发展。因此，提高教师教学能力很多情况下需要国家宏观层面的政策推动和对政策的强制执行力度，需要政府、教育行政部门、企业在促进高职教师教学能力发展方面加大支持力度，创设有利于教师教学能力发展的环境条件。

（一）严格高职教师资格认证制度和岗位准入制度

教师教学能力发展的整体水平得益于社会、教师群体对教师职业的敬畏和尊重，得益于职业资格认定的严肃性和规范性。高职教师应有别于其他教育类型教师的特殊要求，需要有专门针对高职教师资格的认证制度，以体现高职教学职业性、技术性和实践性特色。教师资格认证能为新教师提供入门标准（即教师的最低标准），但即便取得了这样的资格证，也要严肃高职教师职业进出门槛，严格教师岗位的"双证"准入（教师资格证书和行业技能等级证书）制度及教学岗位竞选竞聘制度，提高职业教育教学的严肃性，彰显高职教师职业价值性和高标准性。在这方面，建议国家出台政策，真正让教师职业成为人人向往的职业，以确保高素质的人才能进入教师行业。实践证明，教师队伍本身素质不高是难以培养出高素质人才的，其职业发展也会有一定的局限性。

（二）建立高职教师教学能力考核认证制度

教师教学能力发展需要有明确的阶段性目标，需要建立国家级教师教学能力发展统一标准。只有这样，才能引起各高职学校对教师教学能力发展的重视，才能发挥教师自身主观能动性，并为教师培养发展提供可操作途径和具体可进阶路径，以实现教师教学能力可持续发展。这就需要国家建立全国性的教师教育教学能力评价组织，科学指导和规划高职教师教学能力发展，强化对教师教学能力发展的组织考核。

国家还可建立教学能力发展评价中介机构或测试机构，具体的教学能力评价可委托中介机构执行，使其能客观公正地实施教学能力评价，对教学质量进行行之有效的监督与评价。教学能力评价中介机构是对教学能力评价组织体系的有益补充，成立教学能力评价中介机构，行使一切教学能力评估职责，对学校内部的质量保障体系进行审计，对教师教学能力水平进行评估。国家可通过政策制定，规定中介机构的义务和责任，加强中介机构的资格审查与监督管理。

学校内部还要建立教学能力发展委员会，教学能力发展委员会是高职设立的教学能力评议与审核机构，是高职行使教学能力发展权力的基层机构，主要负责大型教学能力发展活动的研讨，推动和促进国内外的教学能力发展、交流及合作，审议重大研究课题，评价各部门教学能力发展工作的成效，对有重要贡献的个人或集体给予奖励。

（三）完善高职教师教学能力发展组织制度

教师教学能力发展依托于一定的组织环境，发展组织为教师教学能力发展提供环境保障。目前，我国多数高职院校都没有成立真正的教师教学能力发展指导中心，国家也没有针对高职教师培养的专业教育机构，这与我国大力发展高职教育的现状是不协调的。因此，建议国家建立相应的制度，引导建立起立体化的教师发展组织机构，综合发挥政府、高校以及市场三股力量的作用，各司其职，合理配置资源，形成多样化的培训体系。

高职教师教学能力发展指导中心的作用是研究高等教育的理论，分析现状和存在问题，健全教师教学能力发展体系，开发并服务于教师专业发展促进活动，拓宽教学能力发展的形式和内容，尽可能降低教师的学术倦怠感。因此，政府应特别支持高职院校建立校本层次支持教师发展的常设机构，将教师发展与日常工作和组织运行结合起来，促进教师教学能力校本自然孵化，这应是目前高职教育教师教学能力发展的最现实选择。

（四）创建高职教育与教师地位提升制度

高职教育系统是整个社会大系统的组成部分，它不能脱离社会环境而独立存在，有赖于全社会对职业教育的尊重与重视，有赖于国家对职业教育提供政策支持，有赖于对教师社会地位和高职教育层次地位提供制度保障。

在现阶段，一个不争的事实是，一些人仍然鄙薄职业教育，对高职教育办学不重视、不配合，导致现行许多制度的运行存在着障碍，导致面向市场办学自主权的丧失。如校企结合制度、教学社会服务制度、科研应用制度等在实践中并不能很好地执行。因此，国家应该采取政策措施，大力提高对高等职业技术教育的宣传力度，努力增强社会对高职教育的认同度，合理引导企事业单位参与校企合作，保障高职教师的社会地位，使他们充分意识到自己职业角色的神圣感和使命感，从而树立自信心，抛弃自觉不如人的思想包袱。

（五）发展高职教育多元主体参与办学制度

现代高职院校办学的一项重要任务，就是要主动扩大开放，扩大学校发展的社会参与度，积极探索和行业、企业密切合作共建的模式，调动行业、企业参与学校建设的积极性，这将有利于高职教师开展工学结合、产教融合，并在企业顶岗培训及生产实践中提升技能，提高教学能力。然而，在现实环境下，校企合作往往成为高职院校一厢情愿的事情，校企深度合作难以展开，校企长效合作难以维持。这是因为校企结合制度需要国家政策的配套支持，需要真正建立多元主体办学制度作为保障，需要兼顾各参与主体的利益诉求，需要激发企事业单位参与校企结合的积极性。如企业在校企结合中实际发生的与取得收入有关的、合理的支出，按现行税收法律规定在计算应纳税所得额时扣除。只有形成校企相互促进、优势互补的良好局面，才能促进教师在产教融合过程中职业教学能力的提升。

（六）规范高职教育的市场办学竞争制度

人才培养制度的实施依赖于市场办学竞争机制的有效介入。高职院校以教师为本、以教学为中心的人才培养制度对保障教学正常开展具有一定的意义。但目前这些制度从严格意义上说只是一种摆设，并未起到它应有的作用。分析其原因在于现有办学体制下，人才培养质量还远未引发高职院校生存与发展的危机，因而以教学为中心，提高人才培养质量大多成为高职办学的宣传口号，改善教学条件和教师待遇成为多年来许诺的空头支票，办学中的"伪现代化"现象已是普遍的存在。在这种情况下，最受伤害的应是高职教师教育精神与专业态度，教师教学能力提高也就可想而知了。因此，现阶段如果没有国家宏观层面上的市场办学竞争机制的引入，办学不能实现优胜劣汰，就难以激活高职办学理念与精神。

二、严格法规有效运行的监督制度

（一）国家层面

提高教师教学能力很多情况下需要国家强调政策的权威性、严肃性。这是因为在现有体制环境下，许多办学主体"依法治校"意识不强，缺乏对政策执行的内生动力和现实迫切性，因而对政策的敬畏和遵从不够，甚至有意对政策进行曲解和利用。当前，高职教育中的一些政策都没有很好执行，如高职办学中的师生比政策、保障教师经济待遇的薪酬政策、提升教师社会地位和高职教育层次地位的相关政策、高职办学的财政投入政策等在办学实践中并没有很好落实。因此作为国家层面，首先要强调政策的权威性、严肃性，以引起社会各界的重视和支持；其次要实现政策的公平性和科学性，提高政策的实用性和可操作性；最后要健全政策执行监督机制，规范和保证政策的有效运行。

（二）地方政府层面

提高教师教学能力很多情况下还需要地方政府对政策的强制执行力度。目前，高职院校内部治理结构仍属于行政权力主导模式，管理体制与机制自然是以保护官本位的利益和行政权力为基础，使得教师及教学地位被忽视。在这种情况下，仅靠学校自身的自制、自觉和自律来改变教师及教学地位只能是一种愿望。因此，作为当地政府及有关职能部门，要制定相关的政策制度，加大政策制度执行的监控力度和干预力度，引入问责制，实行追究制，督促高职学校对教师及教学的重视，对人才培养质量的重视。

（三）学校层面

提高教师教学能力很多情况下还需要高职院校对国家政策的遵从和落实，需要将国家政策转化为具体的制度措施。高职教师教学能力主要是在学校制度环境中形成和发展的，学校对国家政策制度的敬畏和遵从，能促进高职院校依法依规办学，可以从根本上解决影响高职教师教学能力提升的体制与制度障碍。因此国家政策是否能最终起作用，关键在学校。作为学校，不仅要坚决执行有关的教育政策，还要形成自己的校本制度，监督二级学院对制度法规的执行情况。

（四）企业和社会层面

提高教师教学能力还需要形成教师教学能力提升的社会环境。具体来说，需要企业和社会对职业教育的认可、重视和支持。据调查，95%的教师对市场、企业和生产不了解，缺乏与企业生产相结合的机会与途径。这方面的原因，除国家相关政策没有配套外，更主要的是企业缺乏社会责任，以及社会对职业教育的漠视。因此，国家可制定相关政策，一方面促进企业提高社会责任意识，提高企业对"工学结合、校企合作"重要性认识；另一方面督促企业落实校企结合制度，落实企业作为重要办学主体的作用与义务。

参考文献

[1] 郝庆波,张晓楠.大数据时代高校教师教学能力提升策略研究[M].长春:吉林人民出版社,2020.

[2] 张奎明.高校优秀教师教学能力发展研究[M].济南:山东大学出版社,2021.

[3] 郝静如,王兴芬.大学教师教学能力培养与素质修养[M].西安:西安电子科技大学出版社,2016.

[4] 王宪平.课程改革与教师教学能力发展研究[M].上海:学林出版社,2009.

[5] 王立春.教师教学基本能力解读与训练:通用技术、劳动技术[M].北京:北京理工大学出版社,2017.

[6] 胡秋萍,李军玲.教师教学基本能力解读与训练:综合实践[M].北京:北京理工大学出版社,2017.

[7] 徐大林.教师教学反思能力培养及其行动研究[M].成都:电子科技大学出版社,2020.

[8] 刘俊强.新课程教师教学技术和媒体运用能力培养与训练[M].北京:人民教育出版社,2004.

[9] 王允庆,孙宏安.如何提高教师的教育教学能力:教学设计能力研究[M].大连:辽宁师范大学出版社,2021.

[10] 刘鹂.教师教育者教学能力研究[M].西安:陕西师范大学出版总社,2016.

[11] 马连华.高职教师教学能力提升二十讲[M].北京:清华大学出版社,2013.

[12] 高俊文.高职院校教师教学能力大赛理念与实践[M].北京:电子工业出版社,2022.

[13] 王娟. 高职英语教学与教师职业能力培养研究[M]. 沈阳：辽宁大学出版社，2021.

[14] 鲍玮. 高职教育实践教学体系的建设探索[M]. 天津：天津科学技术出版社，2017.

[15] 胡建波. 高职院校教师职业能力研究[M]. 成都：电子科技大学出版社，2012.

[16] 胡正明，何应林，方展画. 优质高职院校建设理论与实践研究[M]. 武汉：华中科技大学出版社，2019.

[17] 赵计平. 职业院校教师职业能力标准[M]. 重庆：重庆大学出版社，2012.

[18] 张莹. 1+X证书制度下高职教师教学能力标准探究[J]. 时代人物，2022（2）：247-249.

[19] 李瑞红. 高职教师教学能力的发展策略[J]. 西部素质教育，2019（15）：112.

[20] 张巍. 对高职教师教学能力评价体系的反思及重构[J]. 黑龙江科学，2021（1）：86-87.

[21] 周颖. 10年来我国高职教师教学能力的研究综述[J]. 智库时代，2021（38）：177-180.

[22] 姜运隆. 高职教师教学能力提升的内涵、挑战与路径[J]. 教育与职业，2021（10）：78-81.

[23] 张擎，杨光. 成果导向教育模式下高职教师教学能力研究[J]. 教师，2020（2）：111-112.

[24] 孙皎. 新形势下高职教师教学能力提升措施分析[J]. 经济与社会发展研究，2020（12）：272.

[25] 杨薇薇，宫佳. 高职教师教学能力提升的发展途径[J]. 智库时代，2021（20）：50-52.

[26] 顾瑞鹏，丁俊，缪启军，等. 新时代新需求背景下高职教师教学能力构成体系研究[J]. 中国多媒体与网络教学学报，2022（8）：179-182.

[27] 何婉亭，赵计平. 高职教师教学能力专业化发展三维三阶培养模式[J]. 教育与职业，2021（15）：93-96.

[28] 罗汝珍，谢露静，梁贵红. 高职教师教学能力发展困境及应对[J]. 文教资料，2019（8）：194-196.

[29] 胡红梅.高职教师教学能力提升研究现状[J].济南职业学院学报,2016(5):7-9.

[30] 万平.基于"说课程"的高职教师教学能力测评的设计与实施[J].黑龙江畜牧兽医,2017(1):255-258.

[31] 王隽.专业导向下高职教师教学能力培养的路径探讨[J].职业技术,2017(7):41-42.

[32] 余杰.高职教师教学能力培养对策与评价指标[J].职教论坛,2017(21):39-43.

[33] 戴大方.新时代高职教师教学能力提升:以《中外建筑史》教学设计为例[J].名汇,2022(4):24-27.

[34] 马小伟.浅议高职教师教学能力的提升[J].国土资源高职教育研究,2017(1):30-32.

[35] 薛珊,陈华荣.线上线下混合式教学对高职教师教学能力的新要求[J].科技视界,2021(33):142-143.